中等职业教育课程改革国家规划新教材配套教

语文学习指导
与能力训练

（职业模块　财经、商贸及服务类）
（第四版）

主编　张金英

高等教育出版社·北京

内容提要

本书是中等职业教育课程改革国家规划新教材《语文》（职业模块　财经、商贸及服务类）（第四版）的配套练习册。

全书共 6 个单元，每个单元依必读课文、选读课文设置基础知识应用、阅读与表达能力训练两个板块，依单元设置拓展延伸板块，可培养学生的语文应用能力，提升人文素养，也可供教师编制练习时参考。本书配有 A、B 两套综合自测题，供学生根据自身实际情况选择使用，以检测学习效果。各单元练习题及综合自测题均附有参考答案。

本书在题型设计、内容选择、难易度确定等方面，充分考虑了中等职业教育培养目标对语文教学的要求，以及中职学生的实际水平，具有较强的针对性和实用性，适合中等职业学校财经、商贸及服务类专业学生学习语文课程时使用。

本书配有学习卡资源，请登录 Abook 网站 http://abook.hep.com.cn/获取相关资源，详细说明见本书"郑重声明"页。

图书在版编目（CIP）数据

语文学习指导与能力训练：职业模块：财经、商贸及服务类 / 张金英主编. --4 版. --北京：高等教育出版社，2019.8（2022.8 重印）

ISBN 978-7-04-052286-0

Ⅰ．①语…　Ⅱ．①张…　Ⅲ．①语文课-中等专业学校-教学参考资料　Ⅳ．①G634.303

中国版本图书馆 CIP 数据核字（2019）第 150181 号

YUWEN XUEXI ZHIDAO YU NENGLI XUNLIAN

策划编辑	许　耘	责任编辑	许　耘	封面设计	张　楠	版式设计	马　云
责任校对	陈　杨	责任印制	高　峰				

出版发行	高等教育出版社		网　　址	http://www.hep.edu.cn
社　址	北京市西城区德外大街 4 号			http://www.hep.com.cn
邮政编码	100120		网上订购	http://www.hepmall.com.cn
印　刷	人卫印务（北京）有限公司			http://www.hepmall.com
开　本	787mm×1092mm　1/16			http://www.hepmall.cn
印　张	10		版　次	2010 年 7 月第 1 版
字　数	170 千字			2019 年 8 月第 4 版
购书热线	010-58581118		印　次	2022 年 8 月第 11 次印刷
咨询电话	400-810-0598		定　价	28.90 元

前言

　　本书是中等职业教育课程改革国家规划新教材《语文》（职业模块　财经、商贸及服务类）（第四版）的配套练习册。本书充分考虑了职业教育培养目标对语文课程的实际要求，以及学生语文学习的实际情况，注重以文化人，引导学生在进行语文能力训练的过程中，感受作品的精神高度、文化内涵、艺术价值；强化言语实践，引导学生运用课本所学方法，自主面对情境，解决问题，达成和巩固学习目标，发展语文学科核心素养；遵循学习规律，引导学生在学科知识的理解和运用过程中，形成学科能力，体认学科思维方式和学科思想。

　　本书依据教材的教学单元编写，依必读课文、选读课文设置基础知识应用、阅读与表达能力训练，依单元设置拓展延伸。基础知识应用部分按照教材的有关教学内容设计练习，以提高学生运用知识的实际能力；阅读与表达能力训练部分旨在培养学生的阅读分析能力和表达交流能力；拓展延伸部分通过文章阅读提升学生的赏析能力。考虑学生学习水平和专业的不同，本书所配的综合自测题设计有A、B两套，可供学生根据自身情况自主选择，进行自我检测；也可供教师设计各类考试题目时参考。

　　本书主编为张金英，副主编为卢华、孟虹，参加编写的人员还有何忠、张艳、胡修江、苏娅、陈海鸥、方友生、黄云、高志刚、王妙娟。教材总主编于黔勋对本书进行了认真的审阅和修改。

　　由于编者水平有限，书中难免存在疏漏和不当之处，敬请批评指正，反馈意见请发至邮箱：zz_dzyj@ pub.hep.cn。

编　者

2019 年 6 月

目录

第一单元

自知与自强

一 中国人民站起来了

一、基础知识应用

1. 写出下面各组形近字的读音，并组词。

$\begin{cases} 徽（\quad）\underline{\qquad} \\ 微（\quad）\underline{\qquad} \end{cases}$ $\begin{cases} 姿（\quad）\underline{\qquad} \\ 婆（\quad）\underline{\qquad} \end{cases}$ $\begin{cases} 辟（\quad）\underline{\qquad} \\ 僻（\quad）\underline{\qquad} \end{cases}$

2. 辨析括号里的词语，选择最恰当的词语填在横线处。

中国人民在中国共产党的领导之下，在三年多的时间内，很快地_____（觉悟/醒悟）起来，并且把自己组织起来，形成了全国规模的反对帝国主义、封建主义、官僚资本主义及其集中的代表者国民党反动政府的统一战线，_____（资助/援助）人民解放战争，基本上_____（打败/打倒）了国民党反动政府，_____（推翻/反抗）了帝国主义在中国的统治，恢复了政治协商会议。

3. 辨析括号里的句子，根据上下文在横线处填上最恰当的句子。

（1）在三年多的时间内，全国人民团结起来，_____，_____，取得了基本的胜利。（援助人民解放军/反对了自己的敌人）

（2）帝国主义者和国内反动派决不甘心于他们的失败，他们还要作最后的挣扎。在全国平定以后，_____，_____。（他们将每日每时企图在中国复辟/他们也还会以各种方式从事破坏和捣乱）

4. 对下面句子之间关系的分析，正确的一项是（　　）

（1）即使勉强地做了决议也是无益的，（2）一待时机成熟他们就要撕毁一切决议，（3）并以残酷的战争反对人民。

    A.（1）/（2）//（3） B.（1）/（2）//（3） C.（1）/（2）//（3） D.（1）/（2）//（3）

      假设 并列   条件 并列   条件 因果   假设 承接

5. 下面各项中，不是新中国面临的形势与任务的一项是（   ）

A. 全国规模的经济建设工作业已摆在我们面前。

B. 中国人民政治协商会议宣布自己执行全国人民代表大会的职权。

C. 中国人被人认为不文明的时代已经过去了，我们将以一个具有高度文化的民族出现于世界。

D. 我们的国防将获得巩固，不允许任何帝国主义者再来侵略我们的国土。

6. 下面对开幕词的表述，有错误的一项是（   ）

A. 开幕词是会议或者活动的序曲，所以开幕词具有宣告会议或活动正式开始的特性。

B. 开幕词主要由首部、正文和结束语三部分组成。

C. 开幕词通常要阐明会议或活动的性质、宗旨、任务、要求和议程安排等，并不要求体现大会或活动的指导思想。

D. 开幕词语言一般要口语化，富有感情色彩，又要求简明、准确。

二、阅读与表达能力训练

阅读下面两段文字，完成7—15题。

（一）

    诸位代表先生们，我们有一个共同的感觉，这就是我们的工作将写在人类的历史上，它将表明：占人类总数四分之一的中国人从此站立起来了。中国人从来就是一个伟大的勇敢的勤劳的民族，只是在近代是落伍了。这种落伍，完全是被外国帝国主义和本国反动政府所压迫和剥削的结果。一百多年以来，我们的先人以不屈不挠的斗争反对内外压迫者，从来没有停止过，其中包括伟大的中国革命先行者孙中山先生所领导的辛亥革命在内。我们的先人指示我们，叫我们完成他们的遗志。我们现在是这样做了。我们团结起来，以人民解放战争和人民大革命打倒了内外压迫者，宣布中华人民共和国的成立了。我们的民族将从此列入爱好和平自由的世界各民族的大家庭，以勇敢而勤劳的姿态工作着，创造自己的文明和幸福，同时也促进世界的和平和自由。<u>我们的民族将再也不是一个被人侮辱的民族了，我们已经站起来了。</u>我们的革命已经获得全世界广大人民的同情和欢呼，我们的朋友遍于全世界。

7. 节选文字的中心观点是哪一句？用原句回答。

8. "我们的先人指示我们，叫我们完成他们的遗志"中的"遗志"指什么？

9. 如何理解文中画线的句子？这句话表达了怎样的感情？

答：_____

_____

10. "中国人从来就是一个伟大的勇敢的勤劳的民族"中的"从来"能否删掉？为什么？

11. 作者说："我们的民族将从此列入爱好和平自由的世界各民族的大家庭，以勇敢而勤劳的姿态工作着，创造自己的文明和幸福，同时也促进世界的和平和自由。"请根据这句话，任选一个角度，确定主题，并结合当代生活，列举具体事例，写一篇500字左右的讲话稿。

精神的三间小屋

毕淑敏

身体活动的空间是可以计量的，心灵活动的疆域，是否也有个基本达标的数值？

有一颗大心，才盛得下喜怒，输得出力量。于是，宜选月冷风清、竹木萧萧之处，为自己的精神修建三间小屋。

第一间，盛着我们的爱和恨。

对父母的尊爱，对伴侣的情爱，对子女的疼爱，对朋友的关爱，对万物的（甲），对生命的（乙）……对丑恶的仇恨，对污浊的厌烦，对虚伪的（丙），对卑劣的（丁）……这些复杂对立的情绪，林林总总，会将这间小屋挤得满满的，间不容发。你的一生，经历过的所有悲欢离合、喜怒哀乐，仿佛以木石制作的古老乐器，铺陈在精神小屋的几案上，一任岁月飘逝，在某一个金戈铁马之夜，它们会无师自通，与天地呼应，铮铮作响。假若爱比恨多，小屋就光明温暖，像一座金色池塘，有红色的鲤鱼游弋，那是你的大福气。假如恨比爱多，小屋就凄风苦雨，愁云惨雾，你的精神悲戚压抑，形销骨立。如果想重温祥和，就得净手焚香，洒扫庭院，销毁你的精神垃圾，重塑你的精神天花板，让一束圣洁的阳光，从天窗洒入。

无论一生遭受多少困厄欺诈，请依然相信人类的光明永远大于暗影。哪怕是只多一个百分点呢，也是希望永恒在前。所以，在布置我们的精神空间时，要给爱留下足够的容量。

第二间，盛放我们的事业。

一个人从 25 岁开始做工，直到 60 岁退休，要在工作岗位上度过整整 35 年的时光。按一日工作 8 小时，一周工作 5 天计算，每年就要为你的职业付出 2 000 个小时。倘若一直干到退休，那就是 7 万个小时。在这个庞大的数字面前，相信大多数人都会始于惊骇，终于沉思。假如你所从事的工作，是你的爱好，这 7 万个小时，将是怎样快活和充满创意的时光！假如你不喜欢它，漫长的 7 万个小时，足以让花容磨损，日月无光，每一天都如同穿着淋湿的衬衣，针芒在身。

我不晓得一下子就找对了行业的人，能占多大比例。从大多数人谈到工作时乏味麻木的表情推算，估计这样的幸运儿不多。不要轻觑了事业对精神的濡养或反之的腐蚀作用，它以深远的力度和广度，挟持着我们的精神，以成为它麾下持久的人质。

适合你的事业，不靠天赐，主要靠自我寻找。这不但因为相宜的事业，并非像雨后的菌子一样俯拾即是，而且因为我们对自身的认识，也如抽丝剥茧，需要水落石出的流程。你很难预知，将在18岁还是40岁甚至更沧桑的时分，才真正触摸到倾心的爱好。当我们太年轻的时候，因为尚无法真正独立，受种种条件的制约，那附着在事业外壳上的金钱、地位，或是其他显赫的光环，也许会晃了我们的眼。当我们有了足够的定力，将事业之外的赘生物一一剥除，露出它单纯可爱的本质时，可能已耗费半生。然费时弥久，精神的小屋也定须住进你所爱好的事业。否则，鸠占鹊巢，李代桃僵，那屋内必是鸡飞狗跳，不得安宁。

我们的事业，是我们的田野。我们背负着它，播种着，耕耘着，收获着，欣喜地走向生命的远方。规划着自己的职业生涯，使事业和人生呈现缤纷和谐、相得益彰的局面，是第二间精神小屋坚固优雅的要诀。

第三间，安放我们自身。

这好像是一个怪异的说法。我们自己的精神住所，不住着自己，又住着谁呢？

可它又确是我们常常犯下的重大失误——在我们的小屋里，住着所有我们认识的人，唯独没有我们自己。我们把自己的头脑变成他人思想汽车驰骋的高速公路，却不给自己的思维留下一条细细的羊肠小道；我们把自己的头脑变成搜罗最新信息网罗八面来风的集装箱，却不给自己的发现留下一个小小的储藏盒。我们说出的话，无论声音多么嘹亮，都是别的喉咙嘟囔过的；我们发表的意见，无论多么周全，都是别的手指圈画过的。我们把世界万物保管得好好的，偏偏弄丢了开启自己的钥匙。在自己独居的房屋里，找不到自己曾经生存的证据。

如果真是那样，我们的精神小屋，不必等待地震和潮汐，在微风中就悄无声息地坍塌了。它纸糊的墙壁化为灰烬，白雪的顶棚变作泥泞，露水的地面成了沼泽，江米纸的窗棂破裂，露出惨淡而真实的世界。你的精神，孤独地在风雨中飘零。

三间小屋，说大不大，说小不小。非常世界，建立精神的栖息地，是智慧生灵的义务，每人都有如此的权利。我们可以不美丽，但我们健康。我们可以不伟大，但我们庄严。我们可以不完满，但我们努力。我们可以不永恒，但我们真诚。

当我们把自己的精神小屋建筑得美观结实、储物丰富之后，不妨扩大疆域，增修新舍，矗立我们的精神大厦，开拓我们的精神旷野。因为，精神的宇宙是如此辽阔啊。

（选自《毕淑敏散文》，浙江文艺出版社 2001 年版，有删改）

12. "精神的三间小屋"具体指什么？为什么要有这样的"三间小屋"？

13. 文中的"甲""乙""丙""丁"处，应填入的词语分别是什么？

甲：_____   乙：_____   丙：_____   丁：_____

14. "在某一个金戈铁马之夜，它们会无师自通，与天地呼应，铮铮作响"这句话，是从哪一个词人的词句中改编而来的？

15. "鸠占鹊巢"中的"鹊"和"鸠"分别指什么？"鸠占鹊巢"在文中是什么意思？

（三）

16. 晓丽是月星商场的营业员，负责某品牌服装销售。一天来了位中年女性顾客，想把她前一天买的一件衣服退掉。如果你是晓丽，该如何接待这位顾客，让顾客满意而去呢？请把你设想的接待对话写出来。

*二　我与地坛（节选）

一、基础知识应用

1. 下列词语中，加点字注音完全正确的一组是（　　　）

A. 玉砌（qiè）　　炫（xuàn）耀　　隽（juàn）永

B. 狼藉（jí）　　坍圮（yí）　　熨（yù）帖

C. 颓（tuí）墙　　亘（gèn）古　　恪（kè）守

D. 肆（shì）意　　意蕴（yùn）　　弥（mí）漫

2. 下列句子中，对修辞手法判断有误的一项是（　　　）

A. 在园中最为落寞的时间，一群雨燕便出来高歌，把天地都叫喊得苍凉。（拟人、夸张）

B. 许多年以后我才渐渐听出，母亲这话实际上是自我安慰，是暗自的祷告，是给我的提示，是恳求与嘱咐。（排比）

C. 秋风忽至，再有一场早霜，落叶或飘摇歌舞或坦然安卧，满园中播散着熨帖而微苦的味道。（拟人）

D. 多年来我头一次意识到，这园中不单是处处都有过我的车辙，有过我的车辙的地方也都有过母亲的脚印。（拟人、双关）

3. 根据课文内容选词填空。

（1）园子_____冷落得如同一片野地，很少被人记起。

（A. 荒芜　　B. 荒废　　C. 荒凉）

（2）她艰难的命运、坚忍的意志和毫不_____的爱，随光阴流转，在我的印象中愈加鲜明深刻。

（A. 宣扬　　B. 赞扬　　C. 张扬）

（3）园墙在金晃晃的空气中斜切下一_____阴凉，我把轮椅开进去，把椅背放倒，坐着或是躺着，看书或者想事。

（A. 排　　B. 溜　　C. 条）

（4）撅一_____树枝左右拍打，驱赶那些和我一样不明白为什么要来这世上的小昆虫。

（A. 根　　　B. 条　　　C. 杈）

（5）蜂儿如一_____小雾稳稳地停在半空；蚂蚁摇头晃脑捋着触须。

（A. 朵　　　B. 团　　　C. 片）

4. 下面两个句子中画线的词语，如果删去，意思表达也清楚，说说作者这样写有什么表达作用。

（1）譬如祭坛石门中的落日，寂静的光辉平铺的一刻，地上的每一个坎坷都被映照得灿烂……

_____

（2）我也看见过几回她四处张望的情景，她视力不好，端着眼镜像在寻找海上的一条船……

_____

5. 对加点词语在文中的意思，解释不正确的一项是（　　　）

A. 我常觉得这中间有着宿命的味道：仿佛这古园就是为了等我，而历尽沧桑在那儿等待了 400 多年。（宿命：在文中，作者用来表达自己经历中的一种偶然性的巧合，好像是命中注定。）

B. 没处可去我便一天到晚耗在这园子里。跟上班下班一样，别人去上班我就摇了轮椅到这儿来。（耗：待，拖延，是自己心境苦闷在行为上的反映，长时间待在荒园里。）

C. 譬如秋风忽至，再有一场早霜，落叶或飘摇歌舞或坦然安卧，满园中播散着熨帖而微苦的味道。（熨帖：形容当时的景致使作者产生的平静而舒适的心境。）

D. 譬如在园中最为落寞的时间，一群雨燕便出来高歌，把天地都喊叫得苍凉。（落寞：寂寞，是对时间的拟人化描写，从侧面写自己在园中的感受。）

6. 依次填入下列横线处的句子，与上下文衔接最恰当的一项是（　　　）

400 多年里，它一面剥蚀了古殿檐头浮夸的琉璃，_____，_____，祭坛四周的老柏树愈见苍幽，_____。这时候想必我是该来了。

（1）门壁上炫耀的朱红淡褪了

（2）淡褪了门壁上炫耀的朱红

（3）一段段高墙坍圮了玉砌雕栏也散落了

（4）坍圮了一段段高墙，又散落了玉砌雕栏

（5）到处的野草荒藤也都茂盛得自在坦荡

（6）茂盛得自在坦荡的野草荒藤到处都是

A.（1）（3）（5）　　　B.（2）（4）（6）　　　C.（1）（3）（6）　　　D.（2）（4）（5）

二、阅读与表达能力训练

阅读下面两段文字，完成7—15题。

（一）

儿子想使母亲骄傲，这心情毕竟是太真实了，以致使"想出名"这一声名狼藉的念头也多少改变了一点形象。这是个复杂的问题，且不去管它了吧。随着小说获奖的激动逐日暗淡，我开始相信，至少有一点我是想错了：我用纸笔在报刊上碰撞开的一条路，并不就是母亲盼望我找到的那条路。年年月月我都到这园子里来，年年月月我都要想，母亲盼望我找到的那条路到底是什么。母亲生前没给我留下过什么　（1）　的哲言，或要我恪守的教诲，只是在她去世之后，她　（2）　的命运，　（3）　的意志和毫不　（4）　的爱，随光阴流转，在我的印象中愈加鲜明深刻。

有一年，十月的风又翻动起安详的落叶，我在园中读书，听见两个散步的老人说："没想到这园子有这么大。"我放下书，想，这么大一座园子，要在其中找到她的儿子，母亲走过了多少焦灼的路。多年来我头一次意识到，这园中不单是处处都有过我的车辙，有过我的车辙的地方也都有过母亲的脚印。

7. 根据文义，从下列词语中挑选四个分别填入文中（1）—（4）处。

A. 坚定　B. 坚忍　C. 隽永　D. 隽秀　E. 艰难　F. 苦难　G. 张扬　H. 夸张

（1）_____　　　（2）_____　　　（3）_____　　　（4）_____

8. 下列句子中加点词语的用法，与其他句不同的一句是（　　）

A. 树缝里也漏着一两点路灯光，没精打采的，是渴睡人的眼。

B. 有一年，十月的风又翻动起安详的落叶。

C. 七点钟，火车喘息着向台儿沟滑过来。

D. 但她又担心我一个人在那荒僻的园子里整天都想些什么。

9. 两位老人不经意的一句话，使"我"多年来头一次意识到："有过我的车辙的地方也都有过母亲的脚印"，这是为什么？

10. "我放下书，想，这么大一座园子，要在其中找到她的儿子，母亲走过了多少焦灼的路"一句中，"焦灼"是什么意思，它隐含着"母亲"什么样的心情？

11. 研读以上语段，结合课文内容，谈谈文中的地坛对作者的意义。

（二）

① 我也没有忘记一个孩子——一个漂亮而不幸的小姑娘。15 年前的那个下午，我第一次到这园子里来就看见了她，那时她大约 3 岁，蹲在斋宫西边的小路上捡树上掉落的"小灯笼"……"小灯笼"精巧得令人爱惜，成年人也不免捡了一个还要捡一个。小姑娘咿咿呀呀地跟自己说着话，一边捡小灯笼……她的哥哥……一个七八岁的男孩……在捉什么虫子，他捉到螳螂、蚂蚱、知了和蜻蜓，来取悦他的妹妹。有那么两三年，我经常在那几棵大栾树下见到他们，兄妹俩总是在一起玩，玩得和睦融洽，都渐渐长大了些。之后有很多年没见到他们……若不是有一年我又在园中见到他们，肯定就会慢慢把他们忘记。

② 那是个礼拜日的上午。那是个晴朗而令人心碎的上午，时隔多年，我竟发现那个漂亮的小姑娘原来是个智障者。我摇着车到那几棵大栾树下去，恰又是遍

地落满了"小灯笼"的季节。当时我正为一篇小说的结尾所苦，既不知为什么要给它那样一个结尾，又不知何以忽然不想让它有那样一个结尾，于是从家里跑出来，想依靠着园中的镇静，看看是否应该把那篇小说放弃。我刚刚把车停下，就见前面不远处有几个人在戏耍一个少女，做出怪样子来吓她，又喊又笑地追逐她，拦截她。少女在几棵大树间惊惶地东跑西躲，却不松开揪卷在怀里的裙裾，两条腿袒露着也似毫无察觉。我看出少女的智力是有些缺陷，却还没看出她是谁。我正要驱车上前为少女解围，就见远处飞快地骑车来了个小伙子，于是那几个戏耍少女的家伙望风而逃。小伙子把自行车支在少女近旁，怒目望着那几个四散逃窜的家伙，一声不吭喘着粗气，脸色如暴雨前的天空一样一会儿比一会儿苍白。这时我认出了他们，小伙子和少女就是当年那对小兄妹。我几乎是在心里惊叫了一声，或者是哀号。世上的事常常使上天的居心变得可疑。小伙子向他的妹妹走去。少女松开了手，裙裾随之垂落下来，很多很多她捡的"小灯笼"便洒落一地，铺散在她脚下。她仍然算得漂亮，但双眸迟滞没有光彩。她呆呆地望着那群跑散的家伙，望着极目之处的空寂，凭她的智力绝不可能把这个世界想明白吧！大树下，破碎的阳光星星点点，风把遍地的"小灯笼"吹得滚动，仿佛喑哑地响着的无数小铃铛。哥哥把妹妹扶上自行车后座，带着她无言地回家去了。

③ 无言是对的。要是上天把漂亮和智障这两样东西都给了这个小姑娘，就只有无言和回家去是对的。

④ 谁又能把这世界想个明白呢？世上的很多事是不堪说的。你可以抱怨上天何以要降诸多苦难给这人间，你也可以为消灭种种苦难而奋斗，并为此享有崇高与骄傲，但只要你再多想一步你就会坠入深深的迷茫了：假如世界上没有了苦难，世界还能够存在吗？要是没有愚钝，机智还有什么光荣呢？＿＿＿＿＿＿＿＿＿＿，＿＿＿＿＿＿＿＿？要是没有了恶劣和卑下，善良与高尚又将如何界定自己又如何成为美德呢？要是没有了残疾，健全会否因其司空见惯而变得腻烦和乏味呢？我常梦想着在人间彻底消灭残疾，但可以相信，那时将由患病者代替残疾人去承担同样的苦难。如果能够把疾病也全数消灭，那么这份苦难又将由（比如说）相貌丑陋的人去承担了。就算我们将丑陋、愚昧和卑鄙以及一切我们所不喜欢的事物和行为统统消灭掉，所有的人都一样健康、漂亮、聪慧、高尚，结果会怎样呢？怕是人间的剧目就全要收场了：一个失去差别的世界将是一潭死水，是一块没有

感觉也没有肥力的沙漠。

⑤ 看来差别永远是要有的。看来就只好接受苦难——人类的全部剧目需要它，存在的本身需要它。看来上天又一次对了。

⑥ 于是就有一个最令人绝望的结论等在这里：由谁去充任那些苦难的角色？又由谁去体现这世间的幸福、骄傲和欢乐？只好听凭偶然，是没有道理好讲的。

⑦ 就命运而言，休论公道。

⑧ 那么，一切不幸命运的救赎之路在哪里呢？

⑨ 设若智慧或悟性可以引领我们去找到救赎之路，难道所有的人都能够获得这样的智慧和悟性吗？

（节选自《我与地坛》，北京十月文艺出版社 1996 年版，略有修改）

12. "我几乎是在心里惊叫了一声，或者是哀号"一句中，作者"惊叫"或"哀号"的是什么？

13. 第③自然段中作者为什么说"无言是对的"？

14. 结合第④自然段语意，以及上下文的句式特点，在横线处补写文中缺少的一句话。不超过 30 个字。

15. 第⑤自然段中作者说"看来上天又一次对了"，其含义是什么？

（三）

16. 根据下面内容，整理一份符合格式和内容要求的简要会议记录。

为迎接学校举办的"爱心义卖"活动，××中等职业学校2016级财会电算班于2017年5月10日中午12点在本班召开一次班委会，研究该班参与爱心义卖活动事宜。

班长王玲主持会议，学习委员李想担任记录人。班委韩磊、李欢、毛小雨、胡明明出席了会议。班主任许老师列席了会议。团支部书记韩磊传达了校团委关于此次爱心义卖活动的要求。会议决定由班长王玲负责策划班级活动方案，团支部书记韩磊负责整个爱心义卖物品的组织，宣传委员李欢负责前期的宣传和展台的布置，生活委员毛小雨负责财务工作，体育委员胡明明负责后勤和其他工作。班委会决定在第二天的班会课上将爱心义卖方案在班级宣讲，并开始启动前期准备工作。

拓展 延伸

（一）

阅读指导

这篇短文写的是在我们国家贫穷的年代里发生的一件小事。这是一件微不足道的小事，却给我们以心灵的震撼。物质的匮乏、生活的艰辛不仅没有将这普普通通的一家人击倒，反而让他们更加彼此关爱、含笑面对，品尝到人生的甜蜜滋味。有如此美丽心灵的人，一定会对每一个人，甚至每一个生命敞开爱的胸怀；有如此博爱胸怀的人，也必然是意志坚强的人，也一定懂得自知、自强，能在生活的海洋中远航。

嚼一片苹果皮

王众胜

那是30多年前的事了。在外地工作的姑父回来看望太婆，带来的礼物中，有七八个又圆又大、又红又香的苹果。

我和哥哥第一次见到苹果。我们眼巴巴地看着那鲜红的苹果，闻着那诱人的香气，一口一口地咽着口水。

吃罢早饭，姑父走了。太婆把我和哥哥喊到跟前，拿起两个大苹果，塞到我和哥哥手里。她乐呵呵地对我们说："我早就看到你们俩馋猴儿似的盯着苹果。快到一边吃去吧，别让你们妈看见了。"

我们拿着苹果，来到院子外的一堵矮墙边。哥哥看着苹果，眼睛乐成了两个弯弯的小月牙。我呢，不时把苹果凑近鼻子，一边闻，一边连声说："好香，好香。"

哥哥说："咱们吃吧。"

我说："咱们吃吧。"

不知说了多少遍"咱们吃吧"，可谁也没舍得在苹果上咬一口。

哥哥说："咱们别吃，等晚上爸爸回来，你的和妈妈分着吃，我的和爸爸分着吃。"

我咽了咽口水，连声说："好好好。"

我和哥哥正高兴地商量着，不知什么时候，妈妈已经站在我们身后。

妈妈笑盈盈地看着我们，问道："这苹果是你们姑父给谁带来的呀？"

我们齐声回答："是给俺太婆带来的。"

妈妈说："是啊，这苹果是给你们太婆的。太婆已经80多岁了，身体又有病，咱家有了什么好吃的，应该给她留着，让她多吃几次。你们说我说的对不对？"

我和哥哥没有回答，忙把苹果放到妈妈手里。妈妈看了看手里的苹果，又看了看我和哥哥，脸上忽然没了笑容。好一阵之后，她才摸了摸我们的头，转身走进屋里。

我们在院子里玩了一会儿，哥哥说："别玩了，咱们该做作业了。"

我和哥哥走进屋里，看到妈妈站在太婆床前，正准备削苹果。太婆看到我们，擦擦眼泪对妈妈说："俩孩子长这么大还没吃过苹果，你就让他俩一人吃一个吧。"

妈妈笑着说："妈，他们以后吃苹果的机会多着哩，您就别老想着他们了。"太婆又擦了擦眼泪说："孩子，难得你的这一片孝心，可你不让他俩尝尝，我吃着也没啥味儿呀。"

妈妈给我们使了个眼色，我和哥哥忙拎着书包走出屋外。

那天我们吃罢晚饭，妈妈把我和哥哥叫到她面前，端起放在案板上的一只碗说："伸手。"

我们把手伸了出去。

妈妈在我和哥哥的手里放了几片苹果皮，笑盈盈地说："吃吧，孩子。"

我捏起一片苹果皮放到嘴里，慢慢嚼着，立刻，满嘴都是苹果的香、苹果的甜。正在细细品味的时候，哥哥叫了起来："妈妈，苹果皮是苦的。"

"苹果皮苦？"妈妈有些惊奇地看着哥哥。

哥哥把苹果皮递到妈妈面前，妈妈忙捏起一片放到嘴里嚼了嚼，忽然笑了起来，轻轻拍拍哥哥脑门儿说："你这小鬼头哟。"

我也连忙捏起一片苹果皮放到妈妈嘴里。妈妈把我和哥哥搂在怀里，一边嚼，一边高兴地说："真甜真香啊。"

我常常想起第一次吃苹果皮的往事，随着岁月的流逝，年龄的增长，愈来愈深刻地认识了妈妈那美好的心灵。

如今，吃苹果已是极平常的事，但在我的感觉里，第一次吃的那几片苹果皮，滋味是最难忘的。

（选自《语文教学与研究》2000 年第 16 期）

想一想

请简要说说"但在我的感觉里，第一次吃的那几片苹果皮，滋味是最难忘的"一句中的"滋味"有哪些具体的内容。

(二)

美　丑

黄苗子

① 有一女孩儿今年19岁，生得毫不"沉鱼落雁"。选这个那个"小姐"肯定是没有希望的，选校花、班花也没有人会考虑她。她很自卑，眼见同学个个花枝招展，觉得自己是彩凤群中的丑小鸭。她认为一个女性如果长得不漂亮，就等于失去了生命的一大半，找工作、交男友，处处吃亏。她心情日见忧郁，读书无精打采。家人忧之而束手无策。我俟其假日，邀其至城郊小游。清风徐来，漫行山道。我极力赞美自然界之美："一草一木、一山一水都各得其所地点缀于大自然中，人只是自然中的生物之一，跟草木山石、花鸟云水一样，在大自然中生生不息并各有各的安身立命之处。大自然又是那样公正博大，它不加恩于浓艳娇美的牡丹，也不鄙薄那些无色无香的野草闲花。因为在大自然的眼里，艳丽的牡丹和野草闲花都是不可缺少的，都是她的子女。"女孩儿陷入沉思中，徐徐问我："如此说来大自然把那些野草闲花要来何用？它的公正又在何处？"我答道："在大自然的眼中，不知何为美丑。"

② 女孩儿坐在山石上望着对面大江，对我说："听了您的话，不知怎的，我好像看到一条从未见过的大道。坦白地说，我觉得自己样样不如人，曾想过投江自杀。"于是我接着为她讲一个故事："昔一才女，生得貌丑，难于见人，就投江自尽。幸一老者相救，得以生还。老者告诉她说，人有两条命，一条是属于自己的，还有一条是属于众生的，愿女士珍惜这条命。"

③ 女孩儿听了，_____

（选自《黄苗子艺术随笔》，浙江文艺出版社 2000 年版，有改动）

1. 根据文章内容进行推断和联想，在文末横线处把结尾续写完整。（不超过 30 个字）

2. 细读第①自然段，根据文意，用自己的话回答女孩儿向"我"提出的两个问题。

（1）大自然把那些野草闲花要来何用？

（2）它（大自然）的公正又在何处？

3. 文章第②自然段中老者说"人有两条命，一条是属于自己的，还有一条是属于众生的"。这"两条命"分别指的是什么？

4. 下面关于文章的理解和赏析，不正确的一项是（　　　）

A. 从内容上看，本文是写美与丑的辩证关系的，作者认为，美的就是丑的，丑的也是美的。

B. 文章开头作者写了自己的看法、女孩儿的心态和其家人忧而无奈的心情。之所以从各个角度叙说，意在表明那个女孩儿确实其貌不扬。

C. 与女孩儿漫行山道时，"我"极力赞美自然界之美，认为草木山水和人都各适其所地点缀于大自然中，意在启发女孩儿——在大自然眼里不知何为美丑。

D. 在第②自然段开头，女孩儿说她好像看到一条从未见过的大道，这表明在"我"的启发下，女孩儿的忧郁已经渐散。

5. 依据本文对人生得失的思考，以及你对自知自强的理解，请以"人生无处不精彩"为话题写一篇文章。文体自定，题目自拟，600字左右。

第二单元

责任与义务

四 青年在选择职业时的考虑（节选）

一、基础知识应用

1. 下列词语中，加点字注音有错误的一组是（　　　）

A. 炫（xuàn）耀　　　蒙蔽（bì）　　　钦（qīn）佩

B. 藐（miǎo）视　　　辜（gǔ）负　　　崇（chóng）高

C. 垮（kuǎ）掉　　　厌倦（juàn）　　　恪（kè）守

D. 累赘（zhuì）　　　嗫嚅（niè）　　　精悍（hàn）

2. 下列句子中，对修辞方法判断正确的一项是（　　　）

A. 不过，如果不对热情的来源本身加以探究，我们又怎么能认清这一切呢？（设问）

B. 安静是唯一能生长出成熟果实的土壤。（拟人）

C. 诚然，我们能够超越体质的限制，但这么一来，我们也就垮得更快；在这种情况下，我们就是冒险把大厦建筑在残破的废墟上，我们的一生也就变成一场精神原则和肉体原则之间的不幸的斗争。（比喻）

D. 这些职业能够使具有合适才干的人幸福，但是也会使那些不经考虑、凭一时冲动而贸然从事的人毁灭。（对偶）

3. 根据课文内容选词填空。

（1）我们的使命绝不是求得一个最值得_____的职业。

（A. 炫耀　　　B. 夸耀　　　C. 自豪）

（2）我们的体质常常威胁我们，可是任何人也不敢_____它的权利。

（A. 蔑视　　B. 藐视　　C. 无视）

（3）在选择职业时，我们应该_____的主要指针是人类的幸福和我们自身的完美。

（A. 遵守　　B. 遵照　　C. 遵循）

（4）如果一个人只为自己劳动，他也许能够成为著名的学者、伟大的哲人、卓越的诗人，然而他永远不能成为完美的、_____伟大的人物。

（A. 真正　　B. 无瑕　　C. 无疵）

（5）如果我们选择了最能为人类工作的职业，那么，重担就不能把我们_____，因为这是为大家作出的牺牲。

（A. 压垮　　B. 压倒　　C. 压弯）

4. 下列各句中，加点成语使用不恰当的一句是（　　　）

A. 人们不应妄自菲薄自己的成绩，也不应轻易满足自己的成绩。

B. 在人生众多选择中，难免遇到失败。但我们要从失败中总结教训，不要怨天尤人。

C. 林林总总的喜事接踵而至，着实让我们高兴了一阵子。

D. 进入高一以来，一向成绩平平的陈立真特别刻苦，进步很大，真叫人刮目相看。

5. 对"人只有为同时代人的完美、为他们的幸福而工作，自己才能达到完美"一句的含义理解正确的一项是（　　　）

A. 一个人主要为自己的幸福和发展作出巨大的努力并取得令世人瞩目的成就，也有可能达到"自我完美"的境界。

B. 一个人如果加强自我修养，使自己达到完美的境界，就能更好地为人类的幸福谋求更高的境界，从而使人类社会更加和谐地向前发展。

C. 一个人如果仅仅为自己或少数人的幸福而劳动，不管他取得的成绩有多大，成就有多高，都不可能使自己达到完美的境界。

D. 一个人只要努力地工作，力争取得巨大的成就，就能使自己的人生一步步地走向完美，达到真正的辉煌境界。

6. 下列各句中，标点符号使用正确的一句是（　　　）

A. 心理学研究表明：影响儿童心理发展有三个重要因素：遗传、环境和教育。

B. 我在哪里，在干什么，我扬起头来问天。

C. 偌大一张纸，在反复勾勒的斑驳墨迹中，只残存下来一个字——"笔"。

D. 尊严是最能使人高尚、使他的活动和他的一切努力具有更加崇高品质的东西，是使他无可非议，受到众人钦佩并高出众人之上的东西。

二、阅读与表达能力训练

阅读下面两段文字，完成 7—14 题。

（一）

_____（1）_____ 我们 _____（2）_____ 体质不适合我们的职业，不能持久地工作，_____（3）_____ 很少能够愉快地工作，_____（4）_____，为了恪尽职守而牺牲自己幸福的思想激励着我们不顾体弱去努力工作。如果我们选择了力不胜任的职业，那么我们决不能把它做好，我们很快就会自愧无能，就会感到自己是无用的人，是不能完成自己使命的社会成员。由此产生的最自然的结果就是自卑。还有比这更痛苦的感情吗？还有比这更难于靠外界的各种赐予来补偿的感情吗？自卑是一条毒蛇，它无尽无休地搅扰、啃啮我们的胸膛，吮吸我们心中滋润生命的血液，注入厌世和绝望的毒液。

7. 根据文义，从下列词语中挑选 4 个分别填入文中（1）—（4）处。
A. 由于　　B. 而且　　C. 因为　　D. 可是　　E. 况且　　F. 不过
G. 但是　　H. 尽管

（1）_____　　　　（2）_____　　　　（3）_____　　　　（4）_____

8. 下列句子中，与其他三句表达方式不同的一句是（　　　）

A. 如果我们错误地估计了自己的能力，以为能够胜任经过较为仔细的考虑而选定的职业，那么这种错误将使我们受到惩罚。

B. 看来，人与人之间的差别永远是要有的。

C. 四周瘴气雾霭弥漫，我们如同走入地狱，走入鬼蜮。

D. 谁也不可以漠视自己的生活体验。

9. 文中"由此产生的最自然的结果就是自卑"一句中，加点的"此"具体指什么？

10. 写出本段文字的段落大意。

11. 请你研读以上语段，并结合全文内容，谈谈影响青年人职业选择的重要因素有哪些。

（二）

两 条 路

[德] 里克特

① 新年的夜晚。一位老人伫立在窗前。他悲戚地举目遥望苍天，繁星宛若玉色的百合漂浮在澄净的湖面上，老人又低头看着地面，几个比他自己更加无望的生命正走向他们的归宿——坟墓。老人在通往那块地方的路上，也已经消磨掉60个寒暑了。在那旅途中，他除了有过失和懊悔之外，再也没有得到任何别的东西。他老态龙钟、头脑空虚、心绪忧郁，一把年纪折磨着老人。

② 年轻时代的情景浮现在老人眼前。他回想起那庄严的时刻，父亲将他置于两条路的入口—— 一条通往阳光灿烂的升平世界，田野里丰收在望，柔和悦耳的

歌声四方回荡；另一条路却将行人引入漆黑的无底深渊，从那里涌流出来的是毒液而不是泉水，蛇蟒满处蠕动，吐出舌尖。

③老人仰望昊天，苦悸地失声喊道："青春啊！回来！父亲哟！把我重新放回人生的入口吧，我会选择一条正路的！"可是，父亲以及他自己的黄金时代却一去不复返了。

④他看见阴暗的沼泽地上闪烁着幽光，那光亮漂浮明灭，瞬息即逝了。那是他轻抛浪掷的年华。他看见天空中一颗流星陨落下来，消失在黑暗之中，那就是他自身的象征。徒然的懊丧像一支利箭射穿了老人的心脏。他记起早年和自己一同踏入生活的伙伴们，他们走的是高尚、勤奋的道路，在这新年的夜晚，载誉而归，无比快乐。

⑤高耸的钟楼鸣钟了，钟声使他回忆起儿时父亲对他这浪子的疼爱。他想起了发蒙时父母的教诲，想起了父母为他的幸福所作的祈祷。强烈的羞愧和悲伤使他不敢再多看一眼。老人的眼睛黯然失神，泪珠儿沄然坠下。他绝望地大声呼唤："回来，我的青春！回来呀！"

⑥老人的青春真的回来了，原来，刚才那些只不过是他在新年夜晚打盹时做的一个梦。尽管他确实犯过一些错误，眼下却还年轻。他真诚地感谢上天，时光仍然是属于他自己的，他还没坠入漆黑的深渊，尽可以自由地踏上那条正路，进入福地洞天，丰硕的庄稼在那里的阳光下起伏翻浪。

⑦依然在人生的大门口徘徊逡巡，踌躇着不知该走哪条路的人们，记住吧，等到岁月流逝，你们还在漆黑的山路上步履踉跄时，再来痛苦地叫喊："青春啊！回来，还我韶华！"那时只能是徒劳的了。

（选自《现代语文》2005年第12期，有改动）

12. 第②自然段中的画线句运用了哪几种修辞手法？说说这样写有什么好处。

13. 第⑥自然段中，画线的"丰硕的庄稼在那里的阳光下起伏翻浪"这句话的含义是什么？（不超过 20 个字）

14. 下列对这篇文章的理解，正确的两项是（　　　）（　　　）

A. 本文的主人公是犯过错误的年轻人。

B. 本文通过人物的回忆来表现人物的心理活动。

C. 本文可分为两大部分，第一部分是前五个自然段，第二部分是后两个自然段。

D. 前五个自然段用插叙的手法，通过主人公对青年时代生活选择的回忆，表现了一个老人的觉醒。

E. 前五个自然段用倒叙的手法，按主人公老年、青年、少年的顺序，表现了一个 60 岁老人的苦恼和希望。

（三）

15. 电动剃须刀在人们生活中使用越来越普遍，请你结合所学的知识为家人使用的电动剃须刀写一则使用说明书。

*五 "大国工匠" 彭祥华

一、基础知识应用

1. 下列加点字注音有错误的一组是 （　　　）

A. 东嘎（gá）山　　　隧（suì）道　　　淬（cuì）炼　　　悬崖峭（qiào）壁

B. 胆魄（pò）　　　翘（qiào）楚　　　积淀（diàn）　　　深入缜（zhěn）密

C. 膨（péng）胀　　　误差（chā）　　　殒（yǔn）身　　　清晰（xī）有序

D. 蓄（xù）水　　　浸（jìn）湿　　　断裂隙（xì）　　　经年累（lěi）月

2. 下列词语中，没有错别字的一组是 （　　　）

A. 横度　　　耗体殒身　　　扶弱济困　　　看菜吃饭，量体裁衣

B. 耐烦　　　艰忍辛劳　　　胆大心细　　　己所不欲，勿施于人

C. 根茎　　　挺而走险　　　旋律清晰　　　如临深渊，如履薄冰

D. 模特　　　便捷合理　　　莫名其妙　　　失之毫厘，谬以千里

3. 依次填入下列各句画线处的词语，最恰当的一组是 （　　　）

（1）在这样的地质构造带上挖隧道，_____等于在掏"潘多拉的盒子"。

（2）依据山体"B超"的资料，彭祥华就可以_____精准爆破的方案了。

（3）青藏高原充沛的山体内蓄水，在爆破之后大量地_____出来。

A. 几乎　　　起草　　　涌流　　　　　B. 几乎　　　制订　　　涌流

C. 完全　　　制定　　　涌流　　　　　D. 完全　　　制定　　　奔流

4. 对下列各句运用的修辞手法的判断，正确的一项是 （　　　）

A. 总长1 800多千米的路基，累计爬坡高度超过14 000米，台阶式八起八伏，被外媒称为"巨大的过山车"。（比喻）

B. 彭祥华是这个团队的翘楚，被同事们公认为爆破王。（夸张）

C. 依据山体"B超"的资料，彭祥华就可以制订精准爆破的方案了。（拟人）

D. 这就是工匠的担当：如山崖伫立，如长松挺身。（排比）

5. 下列各句中，标点符号使用有错误的一句是 （　　　）

A. 装250克，装150克，那个都是很精确的。不精确的后果就是放炮过后超挖、欠挖，掌子面（爆破面）一点也不理想、不光滑。

B. 老一辈——我刚才说了，我父亲也是经常给我们提：一个环节不能错，环环相连，一旦出了差错的话，后果不堪设想。

C. 烟雾中，一束强光闪动，这是圆满完成的信号。

D. 事实上，相当多的工匠岗位，是以一身犯险而保大业安全；以一人之力而系万民康乐。

6. 《"大国工匠"彭祥华》的体裁是_____，节选自中央电视台系列纪录片《大国工匠》第一集《_____》。

二、阅读与表达能力训练

阅读下面的文字，完成 7—11 题。

川藏铁路属于国家"十三五"规划的重点项目，铺设难度创造了新的世界之最：仅一条雅鲁藏布江，就要被这条铁路横渡 16 次；它更是世界上平均海拔最高的铁路，总长 1 800 多千米的路基，累计爬坡高度超过 14 000 米，台阶式八起八伏，被外媒称为"巨大的过山车"。

2015 年 6 月，川藏铁路的拉萨至林芝段全面开工，中铁二局二公司隧道爆破高级技师彭祥华和工友们现在开凿的是拉林段地质最复杂的东嘎山隧道。川藏铁路的地质基础是印度板块和欧亚板块的碰撞缝合带，属于地震多发区，在这样的地质构造带上挖隧道，几乎等于在掏"潘多拉的盒子"。

隧道开掘的第一步，是清除洞口外侧山坡上那些不牢靠的石头。它们稍受震动就有可能滑落，不仅对工程作业会带来巨大威胁，甚至会殃及洞口下方的雅鲁藏布江水，给西藏脆弱的生态环境造成破坏，因此洞口排险清爆要胆大心细。

彭祥华像往常一样，在悬崖峭壁上寻找着最佳安装地点，徒手安装炸药。

彭祥华的父亲是中华人民共和国第一代铁路工人，参加过 20 世纪 50 年代开工的成昆铁路建设，那是 20 世纪的世界铁路建设奇迹。

【同期声】

彭祥华：我父亲修成昆铁路的时候，爆破技术也没那么先进，1 000 米基本上要死一个人。贺龙司令还送了一面锦旗，就是"开路先锋"。

现在，儿子来续写新的世界铁路建设奇迹，也传承着父辈的胆魄和技能。

【同期声】

彭祥华：放炮了……

同事：起爆！（爆破声，烟尘）

彭祥华所在的中铁二局二公司，拥有出色的隧道爆破团队，承担过很多重大隧道的施工任务。彭祥华是这个团队的翘楚，被同事们公认为爆破王。

东嘎山隧道的山体属炭质千枚岩和石英粉砂岩构造，这两种岩体遇水就会膨胀软化，在这样的山体里实施爆破，特别需要深入缜密的超前地质预报。

【同期声】

彭祥华：就跟医生看病的超声波一样，哪些地方有水，哪些地方有断裂隙，都看得到嘛！相当于给人打 B 超那个样子。

依据山体"B 超"的资料，彭祥华就可以制订精准爆破的方案了。

决定精准爆破效果的关键因素之一是装药量，为此，彭祥华一直都是自己分装炸药。凭借多年分装炸药的经验，彭祥华能够把装填药量的误差控制得远远小于规定的最小误差。

【同期声】

彭祥华：装 250 克，装 150 克，那个都是很精确的。不精确的后果就是放炮过后超挖、欠挖，掌子面（爆破面）一点也不理想、不光滑。

彭祥华（测量）：深度 2.8 米，高度 44（厘米）。

彭祥华（核对数据）：肯定不够，加 1 节（雷管）。

同事：好，加 1 节。

隧道内爆破面上通常有几十个炮孔，每个炮孔中的引爆雷管都要按照设计顺序爆炸，不同炮孔之间的起爆时差，在 10~100 毫秒间，还不到一眨眼的工夫。

【同期声】

彭祥华：装 4 节半。

每个炮孔的相对位置、精准装药量、引爆时间等因素，必须作为密切关联的系统来考虑，让它们以最佳效果相互作用，以求得严格控制下的合适的爆破力度。

【同期声】

彭祥华：加 1 节。

那些在外人看来狂烈的爆破，在彭祥华的耳中是旋律清晰有序的弹奏。

7. 文中画线的句子使用了什么说明方法？有什么好处？

8. 文章在介绍彭祥华的爆破技艺时，穿插介绍了彭祥华父辈的事迹。你认为这样写的作用是什么？

9. 课文是一篇纪录片解说词，在讲述故事的同时插入许多主要人物的同期声，仔细阅读相关内容，说一说它们在文中的作用。

10. 文中说："那些在外人看来狂烈的爆破，在彭祥华的耳中是旋律清晰有序的弹奏。"彭祥华为什么会有这样与众不同的感受？

11. 彭祥华只是一个普通的爆破工，文章却将他定位为"大国工匠"。你觉得他身上体现了"大国工匠"的哪些精神？

（一）

阅读指导

母鸡张开翅膀，是为了庇护风雨中的雏鸡；战马驰骋沙场，是听从战斗的号角；我们行走于大地，是为了履行那沉甸甸的责任。

责任胜于能力。假如我们人人有这份责任感，那么，生活中就会少很多痛苦，工作中也会减少很多错误，国家也会少许多损失。

责任重如泰山。如果人人都能尽自己的责任，社会就会多一分和谐，家庭就会多一分温馨，事业就会多一分成功。

阅读下面的短文，从生命的价值角度想一想，我们应如何肩负责任，去渡过生命的河流。

生 命 之 爱

欣 儿

看见报上的一幅图画，一口烧热的油锅中一条鳝鱼弓着身。图画的说明指出，下入油锅的鳝鱼极力弓起身体，厨师不解，拿出鳝鱼用刀剖之，才知其腹内怀有大量的鱼卵，它是为了保护腹中的小生命，努力弓起了腹部。

听友人讲起一件他目睹的悲惨的事。一条有黑缎般光亮皮毛的雄性狗，离开刚下狗崽的花狗准备到街对面不远处的一家肉食小店去叼一些骨头。大约是被爱情及爱情的结晶冲昏了头脑，黑狗从北向南穿过十字路口时，没注意到一辆微型客车正从东边风驰电掣地开来，"哐"的一声，它被车撞了个正着。车子几乎连速度都未减一下，就开跑了。车子刚刚离开，黑狗就在车子喷出的废烟中，一个鹞子翻身爬起来，撒腿往肉食店跑去。在它被撞倒的路面上，有滩红色的血慢慢向四周流动并凝固，像一个心的形状。血中间漂浮着几根黑亮的毛。

黑狗迅速跑到小铺子，用嘴叼起一根粗大的带肉的骨头，转身又飞一样奔回它的花狗和小狗崽的身旁，并将拾来的食物喂给了它们。这一系列行为在10分钟内全部完成。当它把捡到的骨头转给花狗后就无力地倒在了花狗的身旁。谁也不会想到，从路上站起来跑掉时，"身手敏捷"的黑狗怎么会在一瞬间死去。

友人说，黑狗将骨头转给花狗时，它听清了它们相互间那种类似安慰的、狺狺的低语。与它们的声音不同，它们的眼睛都充满了那么深深的哀痛、悲伤。尤其是黑狗的眼睛，似乎是含着泪光，充满对生命的留恋，它那么固执地看着自己的爱侣，看着自己的孩子，连眼睛都不转一下。那种目光，即使铁石心肠的人看了都会心颤。

在引起我们兴趣的事件日益增多的今天，珍爱生命这件事显得很书生气。然而，假如有人阅读了鳝鱼竭力弓起身体、黑狗眼睛含泪的故事，心不猛烈地跳动，没有向生命致以最诚挚敬礼的冲动，那么，虽然活着却已失去了它最本质的东西。

我在这样一个阴郁的漫长午后，一遍一遍地回想这些与生命相关的片段，它们就像挂在屋檐下风干的萝卜条，让你记忆中的生命是那么饱满、丰润和微光闪烁。而珍爱生命，就像用泉水去浸泡萝卜干，无论是哪一种形式的浸泡，都会让人看见生命恢复原状的过程，一种世间最耐人寻味的过程，一粒种子到开放花朵的过程。

（选自《文苑》2007年第7期，有删改）

想一想

请结合自己的生活实际，谈谈我们将怎样肩负责任，才能使自己可贵的生命更有价值。

（二）

格 林 夫 人

乔 桉

① 我刚搬进纽约市布鲁克林区的一幢公寓楼里。我注意到在住户的邮箱旁贴了一张布告，上面写着："请您表达对格林夫人的善举，愿意每月接送她（住在B室）两次去医院做化疗的人请在下面签名。"

②　因为我不会开车，就没有签名，然而"善举"一词却一直在我脑海里盘旋。这是希伯来语，意思是"做好事"，依照我祖母的理解，它还有另一层含义。因为她发现我很羞涩，总是不愿意请别人帮忙，于是她就常对我说："琳达，帮助别人是一种幸福；允许别人帮你，有时候也是一种幸福。"

③　一天傍晚，大雪纷纷扬扬下个不停，上课的时间也快到了，我只好披上厚大衣向公交车站走去。我用祖母为我织的蓝围巾把脖子围紧，耳边似乎响起了她的声音："你为什么不看看是否能搭个便车呢？"

④　一千个反对的理由跳进我的脑海：我不认识我的邻居，我不喜欢打扰别人，我觉得请人帮忙很可笑……强烈的自尊心不允许我敲开别人家的门。

⑤　我继续艰难地向公交车站走去……

⑥　三周后的一天晚上，我们要进行期中考试。那天雪下得更猛，我在车站等了很久汽车还没来，我终于放弃了。在返回公寓的路上，我想：我该怎么办啊？

⑦　当我把围巾拉得更紧时，我仿佛又听到祖母在说：向某位司机请求搭个便车，那不是什么坏事！祖母的劝说对我从未有过意义，何况，即使我想请人帮忙——其实我并不想那么做——旁边也没有人。

⑧　然而，当我推开公寓楼门时，我差点和站在邮箱旁的一位夫人撞个满怀。她穿了件褐色大衣，手里拿了一串钥匙——显然，她有汽车，她正准备出门。就在那一刹那，绝望战胜了自傲，我脱口而出："您愿意让我搭个便车吗？我从没向别人这样要求过，可是……"

⑨　那位夫人露出一副惊讶的表情。"噢，我住在4R室，刚搬来。"我赶紧解释。"我知道，我见过你。"然后，她毫不犹豫地说："当然，我愿意让你搭车，我上楼去拿汽车钥匙。"

⑩　"你的汽车钥匙？你手里拿的不是车钥匙吗？"我看着她手里的钥匙问道。"不，我只是下楼来取信，不过我很快就回来。"说完她就向楼上走去。我急忙叫道："夫人！请等等！我并不想勉强你出门，我只想搭个便车！"但是她很快就消失在楼梯拐角处。我觉得自己很窘，然而一路上，她温暖的语调很快让我平静下来。"您使我想起了我的祖母。"我感激地说。

⑪　听完我的话，她的嘴角露出了一丝微笑："就叫我艾莉丝奶奶吧，我的孙

子都这么叫我。"

⑫ 她终于把我送到了学校，我的期中考试顺利通过了，<u>而且，请艾莉丝奶奶帮忙对我而言是一次突破</u>。这使我以后能轻松地问别人："有人和我同路吗？"实际上每晚都有三个同学开车从我家经过。"为什么你不早说呢？"他们几乎是异口同声地问。

⑬ 回到公寓楼时，我正碰上艾莉丝奶奶从邻居家出来。"晚安，格林夫人！"那位邻居说。

⑭ 格林夫人——那个患了癌症的女人！"艾莉丝奶奶"是格林夫人！我站在楼梯上几乎说不出话来，我所做的事情简直是不可饶恕的：＿＿＿＿＿＿＿＿＿！"噢，格林夫人，"我结结巴巴地说，"我不知道您就是格林夫人。请原谅我！"

⑮ 我拖着沉重的脚步向家走去，我怎么能做出这种事情？几分钟后，有人敲我的房门，是格林夫人。

⑯ "我可以跟你说句话吗？"她问。我点了点头，请她坐了下来。"我以前也很强壮，"她说，然后，她哭了，"过去我也能帮助别人。而现在，每个人都来帮我，为我做饭，送我到我要去的地方。我不是不想感激，而是没有了机会。但是那晚，在我下楼去取信时，我在心中祈求，让我再像正常人那样感受到帮助别人的快乐吧。然后，你走了过来……"

（选自《中学生阅读·初中版》2003 年第 12 期，略有修改）

1. 第②自然段中画线句子中的"另一层含义"指什么？

2. 联系上下文，依据自己的生活体验，细读第⑧自然段画线句"就在那一刹那，绝望战胜了自傲"，回答下列问题。

（1）"绝望"的具体内容是指什么？

（2）有人认为"绝望战胜自傲"应改为"希望战胜自傲"，你同意这样的意见吗？请简述理由。

3. 第⑫自然段中画线句"而且，请艾莉丝奶奶帮忙对我而言是一次突破"，从全文看，"我"突破了些什么？

4. 联系上下文在第⑭自然段的横线上填入相应的语句，使句意完整。

5. 文中，格林夫人身患癌症，长期受人帮助，让她觉得愧疚。雪天帮助作者，让她再次感受到帮助他人的快乐，也能让生活因关爱他人而充满生机。请以"帮助别人的快乐"为题，写一篇文章，文体自定，600 字左右。

第三单元

人生与创造

七　在马克思墓前的讲话

一、基础知识应用

1. 下列各组词语中，加点字读音各不相同的一组是（　　）

A. 估量/衡量　　诅咒/组织　　卓越/绰号

B. 悼念/泥淖　　芜杂/妩媚　　嫉恨/忌妒

C. 衷心/酒盅　　豁然/豁口　　诬蔑/欺侮

D. 诽谤/菲薄　　坚韧/缝纫　　拂去/佛像

2. 下列各句中，字形完全正确的一句是（　　）

A. 老实说，协会的这位创始人即使没有别的什么健树，单凭这一成果也可以自豪。

B. 人们首先必须吃、喝、住、穿，然后才能从事政治、科学、艺术、宗教等等。

C. 正因为这样，所以马克思是当代最遭疾恨和最受诬蔑的人。

D. 从西伯利亚矿井到加利福尼亚，千百万革命战友无不对他表示尊敬、爱戴和掉念。

3. 下列各组词语中，加点字解释完全正确的一组是（　　）

A. 不可估量（衡量）　　豁然开朗（突然）

B. 浅尝辄止（总是）　　卓有成效（卓越）

C. 繁芜丛杂（多而乱）　　永垂不朽（将近）

D. 坚忍不拔（动摇）　　衷心喜悦（内心）

4. 下列各句中，加点的成语使用正确的一句是（　　　）

A. 在语文老师的严格要求下，李磊逐渐改正了文不加点的毛病。

B. 我国五千年文明史中不乏杰出人物，有政治家、军事家、文学家、科学家，真是汗牛充栋。

C. 当今学写毛笔字的人已经很少，笔走龙蛇的书法家更是寥若晨星。

D. 做事缺乏全盘考虑，顾此失彼，目无全牛，这是许多人做不好事情的根本原因。

5. 下列各句中，论证方法判断有误的一句是（　　　）

A. 例如，他曾经密切注视电学方面各种发现的进展情况，不久以前，他还密切注视马赛尔·德普勒的发现。（举例论证）

B. 由于剩余价值的发现，这里就豁然开朗了，而先前无论资产阶级经济学家或者社会主义批评家所做的一切研究都只是在黑暗中摸索。（对比论证）

C. 正像达尔文发现有机界的发展规律一样，马克思发现了人类历史的发展规律。（对比论证）

D. 他对这一切毫不在意，把它们当作蛛丝一样轻轻拂去。（比喻论证）

6. 李白、李清照、汤显祖、巴金、郁达夫、海明威、巴尔扎克都是我们非常熟悉的诗人或作家。请你仿照例句，为其中一位写一段话，评价其作品的意义及其在文学上的成就。

示例：《罗密欧与朱丽叶》，一部个性解放的爱情经典，一部震撼世界的巅峰话剧；莎士比亚，捍卫人文，抨击封建，是无与伦比的辉煌的戏剧大师。

_____

_____

_____

二、阅读与表达能力训练

阅读下面两段文字，完成 7—15 题。

（一）

① 3 月 14 日下午两点三刻，当代最伟大的思想家停止思想了。让他一个人

留在房里还不到两分钟，当我们进去的时候，便发现他在安乐椅上安静地睡着了——但已经永远地睡着了。

②这个人的逝世，对于欧美战斗的无产阶级，对于历史科学，都是不可估量的损失。这位巨人逝世以后所形成的空白，不久就会使人感觉到。

③正像达尔文发现有机界的发展规律一样，马克思发现了人类历史的发展规律，即历来为繁芜丛杂的意识形态所掩盖着的一个简单事实：人们首先必须吃、喝、住、穿，然后才能从事政治、科学、艺术、宗教等等；所以，直接的物质的生活资料的生产，从而一个民族或一个时代的一定的经济发展阶段，便构成基础，人们的国家设施、法的观点、艺术以至宗教观念，就是从这个基础上发展起来的，因而，也必须由这个基础来解释，而不是像过去那样做得相反。

④不仅如此。马克思还发现了现代资本主义生产方式和它所产生的资产阶级社会的特殊的运动规律。由于剩余价值的发现，这里就豁然开朗了，而先前无论资产阶级经济学家或者社会主义批评家所做的一切研究都只是在黑暗中摸索。

⑤一生中能有这样两个发现，该是很够了。即使只能作出一个这样的发现，也已经是幸福的了。但是马克思在他所研究的每一个领域，甚至在数学领域，都有独到的发现，这样的领域是很多的，而且其中任何一个领域他都不是浅尝辄止。

⑥他作为科学家就是这样。但是这在他身上远不是主要的。在马克思看来，科学是一种在历史上起推动作用的、革命的力量。任何一门理论科学中的每一个新发现——它的实际应用也许还根本无法预见——都使马克思感到衷心喜悦，而当他看到那种对工业、对一般历史发展立即产生革命性影响的发现的时候，他的喜悦就非同寻常了。例如，他曾经密切注视电学方面各种发现的进展情况，不久以前，他还密切注视马赛尔·德普勒的发现。

7. 对第②自然段中"这位巨人逝世以后所形成的空白，不久就会使人感觉到"一句中"形成的空白"理解正确的一项是（　　　　）

A. 马克思在人们心目中的位置太重要了，对他的逝世，人们心理上一时很难接受。

B. 马克思的影响是极大的，人们不久就会发现世界上失去了一位伟大的思想家。

C. 马克思主义正日臻完善，由于马克思逝世，将使革命理论的研究出现一段空白。

D. 马克思对人类的贡献巨大，他逝世的损失无法弥补，他的位置无人可以替代。

8. 对第③自然段画线句要说明的意思，理解正确的一项是（　　　）

A. 马克思和达尔文共同发现了人类历史的发展规律。

B. 马克思和达尔文的研究内容一样。

C. 马克思和达尔文同样伟大。

D. 马克思比达尔文更加伟大。

9. 对第⑥自然段加点的"这样"和"这"指代的内容，判断正确的一项是（　　　）

A. "这样"和"这"指代的内容一样。

B. "这样"指代他的两个发现以及在许多领域的深刻研究；"这"指代"他作为科学家"。

C. "这样"指上一自然段中"在他所研究的每一个……都不是浅尝辄止"一句；"这"指"他作为科学家就是这样"。

D. "这样"指代他的两个发现；"这"指代"他作为科学家就是这样"。

10. 下列表述有错误的一项是（　　　）

A. 本文是一篇悼词，也是一篇演讲词。

B. 本文综合运用了叙述、议论、抒情等多种表达方式，使事、理、情三者水乳交融。

C. 文中过渡句的运用使得文章结构紧密、层次清晰、语意连贯，有极强的说服力。

D. 文章在介绍马克思逝世的情况和生前的革命实践活动时用了说明的表达方式；对马克思的伟大发现及其深远影响用了议论的表达方式；而抒情融于全文。

11. 作者说："而当他看到那种对工业、对一般历史发展立即产生革命性影响的发现的时候，他的喜悦就非同寻常了。"这句话在文中有什么作用？

_____

_____

（二）

81 岁，爱迪生诞辰的那天，纽约的友人们在饭店内举行欢宴，但他本人却不能参加。他发来了一个电报：此刻正愉快工作。

宴席上，梅多克洛夫特站起来向大家报告爱迪生的"工作"：

"他的目的是想从美国南部各州和其他在冬季冷至-20 ℃的各州所产生的葡萄藤、灌木以及杂花中提出橡胶来。爱迪生先生已经在进行这一伟大而艰苦的工作，而且他很安于这一个工作，他依旧以他彻底的精神、充沛的活力和无限的热忱去处理这个问题。他对我说：'我已经研究了60 年的物理学，而我现在所从事的却是一些全然不同的学科，因此，我觉得很高兴。'而现在他在佛罗里达的确处在最紧张的工作中。这次他带去了7 个助手，已经收集并试验了945 种植物，他发现有很多种植物中含有橡胶，他将试验更多的植物，也许是一倍，也许再多些。"

美国种植橡胶可能性的问题对爱迪生来说是一项全新的事业。

爱迪生接受了福特的建议，为改变美国橡胶靠进口的状况，于1927 年成立了爱迪生植物研究公司。他要求采集的植物的生长期必须很短，取胶工艺也尽量机械化，少用手工劳动。

要达到这样的要求并不容易。这时，爱迪生全家一心想的就是橡胶。用爱迪生太太的话讲："我们一家大小无时不在谈论橡胶。我们说的、想的、梦见的都是橡胶。因为除此之外，爱迪生先生不许我们做其他事情。"

不到一年，被派往世界各地去寻找的人采集了约3 000 种植物回到美国。爱迪生对其中1 400 种植物进行分析研究，对几种菊科植物进行杂交，培育了一种含有大量胶乳的植物，但使用这种菊科植物提胶，造价太高。1928 年，这个老发明家继续努力地试验。他说："再给我5 年的时间，我一定让美国出现常年产胶的植物！""我希望产量能增至100 天10 磅，我们现在还只是开始，如果工作原理确定了，将来的希望真是没有止境呢。"但由于爱迪生患了肾功能失调综合征，他只好放弃了橡胶植物的种植研究。当此项任务由爱迪生的后继者承担起来的时候，已不再是由菊科植物提取，而是合成橡胶。爱迪生从野草中提炼橡胶的功绩，受到世人极高的评价。

1931 年 10 月 18 日，星期日的凌晨 3 点 24 分，发明大王爱迪生走完了 84 年的伟大人生旅程。临终时他说："我为人类的幸福，已经尽了心力，没有什么好遗憾的了！"

3 天后的 10 月 21 日傍晚，这位发明大王的遗体埋葬在他西奥兰治的家的大橡树下。

消息传出，人们陷入了极度的悲哀之中。唁电雪片般从美国各地、从世界各国飞来，同时，爱迪生的家属和美国白宫也收到了数以千计的有关如何纪念爱迪生的建议。有人主张纪念活动开始后，全世界的电灯都象征性地关闭一分钟；有的主张由胡佛总统下令，在葬礼当天将美国全境的电源切断一分钟；有人建议，除关键的电灯以外，其他所有的电灯都在自愿的情况下关闭。

当时，全美各地熄灭电灯一分钟，以示哀悼。

在这一分钟之内，芝加哥、加利福尼亚、丹佛、纽约，整个密西西比河一片黑暗，纽约百老汇一片黑暗，世界一片黑暗。接着，从东海岸到西海岸、从城市到乡村，灯火通明，亮如白昼，世界一片光明。

（节选自《爱迪生传》，湖北辞书出版社 1996 年版，作者：李其荣）

12. 爱迪生为什么对研究生产橡胶这项工作那么投入？

13. 文中爱迪生说："我已经研究了 60 年的物理学，而我现在所从事的却是一些全然不同的学科，因此，我觉得很高兴。"对此，你怎么理解？

14. 在熄灭电灯哀悼爱迪生的这一分钟前后，世界从"一片黑暗"到"一片光明"。这里运用了怎样的表现手法？请结合文章分析这样写的作用。

15. 爱迪生是举世闻名的"发明大王"，他一生共有 2 000 多项创造发明，可以说，他的一生就是创造发明的一生。对此，你是如何看待的？

（三）

16. 全社会都在积极深入推进"光盘行动"，你所在的学校也倡议大家参与到活动中来。为了让勤俭节约的风气更好地延续下去，为了让倡导"光盘"的公益标语成为每个人厉行节约的座右铭，激励大家从自身做起，请你拟写 2~3 条公益广告词。

*八 喜看稻菽千重浪

—— 记首届国家最高科技奖获得者袁隆平

一、基础知识应用

1. 给下面加点的字注音。

稻菽（ ） 扶掖（ ） 兜（ ） 屏（ ）气

淤（ ）泥 籼（ ）稻 分蘖（ ） 贬（ ）斥（ ）

2. 下列句子中，没有错别字的一句是（ ）

A. 袁隆平眯起双眼，出神地打量着这片几百亩试验田。

B. 20 世纪五六十年代我国普遍发生的饥馑给袁隆平留下了刻骨铭心的印象。

C. 采用常规法培育出来的早稻常规品种正在勾头撒子，呈现一派丰收景象。

D. 袁隆平受骋为联合国粮农组织的首席顾问，多次赴印度、越南、缅甸、孟加拉等国指导，并为这些国家培训技术专家。

3. 解释下列词语。

（1）饥馑：

（2）贬斥：

（3）刻骨铭心：

（4）义无反顾：

4. 下列句子中加点词语，使用不当的一项是（ ）

A. 这是一株奇特的稻禾，株形优异，穗大粒多，足有十余穗，每穗有壮谷一百六七十粒。

B. 他根据自己的实践，以科学家的胆识和眼光断定杂交水稻研究具有光辉的前景，决心义无反顾地坚持研究。

C. 在理论与事实发生矛盾时，袁隆平的态度是尊重权威但不崇拜权威。

D. 满载着袁隆平诗意般的梦想和希望，杂交水稻在中国和世界的大地上播种和收获，创造着一个个神奇的奇迹。

5. 依次填入下面句子横线处的词语，正确的一组是（ ）

袁隆平在实践中发现了真理：_____去年那蔸"天然杂交稻"的杂种第一代

长势这么好，_____充分证明水稻也存在明显的杂种优势现象；_____自然界客观存在"天然杂交稻"，_____，_____探索出其中规律，就一定能培育出人工杂交稻，也就一定能把这种优势应用到生产上，从而大幅度提高水稻的产量。

A. 如果　那么　如果　所以　如果

B. 既然　那么　既然　那么　只要

C. 如果　就　如果　那么　如果

D. 既然　就　既然　那么　只要

6. 下列句子中，标点符号运用有错误的一项是（　　　）

A. 这位老人就是几天后将要赴京，领取由国家主席亲自签署、颁发的国家最高科技奖的农业科学家、"杂交水稻之父"、"泥腿子院士"——袁隆平。

B. 第二年春天，袁隆平把这些种子播种到试验田里，期待收获有希望的新一代稻种，因为系统选育（从一个群体品种中选择优良的变异单株）是一种主要的育种方法，当时许多优良的稻麦品种都是通过这种方法选育出来的。

C. 他返回试验田对那些出现分离的稻株进行研究，高的、矮的、早熟的、迟熟的……，一一做了详尽记录。

D. 袁隆平有两个心愿：一是把"超级杂交稻"合成；二是让杂交稻走向世界。

二、阅读与表达能力训练

阅读下面两段文字，完成 7—15 题。

（一）

科学家是真理的侍者，是事实的追随者。袁隆平坚信实践能发现事实，发现真理，并能验证真理。他对中国亿万农民怀有深厚的感情，在国家杂交水稻工程技术研究中心的稻田中，他一边甩去手上的泥巴一边对我说，农民不富裕谈不到现代化，单产上不去农民就富不起来。现在我们试验田种的杂交稻每亩产 700 千克，农民种的亩产能达到 800 千克甚至更高，因为他们大量采用有机肥。还有比这更令他欣慰的事吗？

凡是涉及不顾农民利益、无视事实的事，他都能挺身而出毫不含糊地阐明事实，至于是不是得担风险，袁隆平在所不计。

前些年一家有影响的报纸在头版刊登了一篇贬斥杂交稻的文章，说杂交稻是"三不稻"——"米不养人，糠不养猪，草不养牛"。这种不顾事实的说法给农业科研人员和广大农民心头蒙上了阴影。袁隆平写了一封信寄给了《人民日报》，凭着他杰出的学识和无与伦比的实践，用事实说明"杂交稻既能高产又能优质"。1992 年 6 月 18 日，《人民日报》在第二版刊登了袁隆平的来信。

信中，袁隆平用平和的语气、无可辩驳的事实说，最近社会上流传杂交稻米质太差，有人贬杂交稻为"三不稻"，说什么"米不养人，糠不养猪，草不养牛"。果真是这样吗？我想用事实来回答：我国是世界上第一个在生产上利用水稻杂种优势的国家，杂交稻比一般水稻每亩增产 100 千克左右。1976—1991 年全国累计种植杂交稻 19 亿多亩，增产粮食近 2 000 亿千克。由此可见，杂交水稻的推广，对解决我国 11 亿人口的温饱问题发挥了极其重要的作用。目前，全国种植面积最大、产量最高的一个水稻良种"汕优 63"是杂交稻。近几年的年种植面积都超过 1 亿亩，平均亩产稳定在 500 千克左右，不仅产量高而且品质好，被评为全国优质籼稻米。的确，在我国南方生产的稻谷中，有相当一部分米质较差，这主要是双季早稻。目前积压的稻谷以及历年来粮店出售的大米，大多数为这种早籼稻。他写道，双季晚稻和一季中稻一般品质较好，粮店偶尔出售这种稻米时，则出现排长队争购的现象。而杂交稻则占双季晚稻和中稻面积的 80% 左右，产量占 90% 以上。因此，说杂交稻属劣质米与事实不符。

袁隆平进而写道，其实，杂交稻、常规稻与任何其他农作物一样，品种不同，产量和品质是有差别的，有的甚至很悬殊。一般地说，大多数杂交稻品种的米质属于中等，其中也有个别杂交稻品种的米质较差，但绝不能以个别品种的优劣来概括一般。

就这样，袁隆平捍卫了事实，也捍卫了真理。

7. 有人说杂交稻是"三不稻"，对此，袁隆平是怎样反驳的？请简要回答。

8. 1992 年袁隆平发表文章批判贬斥杂交稻的说法，说明袁隆平具有怎样的品质？

9. 请给节选文字拟一个小标题。

10. 这篇课文的正标题"喜看稻菽千重浪"引用了谁的诗句？表达了本文作者的什么感情？

（二）

我以为，中国历史上最激动人心的工程不是长城，而是都江堰。

长城当然也非常伟大，不管孟姜女们如何痛哭流涕，站远了看，这个苦难的民族竟用人力在野山荒漠间修了一条万里屏障，为我们生存的星球留下了一种人类意志力的骄傲。长城到了八达岭一带已经没有什么味道，而在甘肃、陕西、山西、内蒙古一带，劲厉的寒风在时断时续的（1）颓壁残（yuán）间呼啸，淡淡的夕照、荒凉的旷野融成一气，让人全身心地投入对历史、对岁月、对民族的巨大（2）惊（jì），感觉就深厚得多了。

但是，就在秦始皇下令修长城的数十年前，四川平原上已经完成了一个了不起的工程。它的规模从表面上看远不如长城宏大，却注定要稳稳当当地造福千年。如果说，长城占据了辽阔的空间，那么，它却实实在在地占据了（3）（miǎo）远的时间。长城的社会功用早已废弛，而它至今还在为无数民众输送汩汩清流。有了它，旱涝无常的四川平原成了天府之国，每当我们民族有了重大灾难，天府之国总是沉着地提供庇护和（4）（rú）养。因此，<u>可以毫不夸张地说，它永久性地灌溉了中华民族</u>。

有了它，才有诸葛亮、刘备的雄才大略，才有李白、杜甫、陆游的川行华章。说得近一点，有了它，抗日战争中的中国才有一个比较安定的后方。

它的水流不像万里长城那样突兀在外，而是细细浸润、节节延伸，延伸的距离并不比长城短。长城的文明是一种僵硬的雕塑，它的文明是一种灵动的生活。长城摆出一副老资格等待人们的修缮，<u>它却卑处一隅，像一位绝不炫耀、毫无所求的乡间母亲，只知贡献。一查履历，长城还只是它的后辈。</u>

它，就是都江堰。

（选自《文化苦旅》，知识出版社 1992 年版，作者：余秋雨）

11. 根据上面括号里的拼音填写汉字。

（1）颓壁残_____　　（2）惊_____　　（3）_____远　　（4）_____养

12. "长城的文明是一种僵硬的雕塑"这句使用的修辞手法是（　　）

A. 比喻　　　　B. 拟人　　　　C. 夸张　　　　D. 象征

13. 万里长城历来被视为中华民族的象征，但在这里，作者说"中国历史上最激动人心的工程不是长城，而是都江堰"。这里运用了什么写作手法？

14. 给这段文字拟写一个标题，概括段意。

15. 解释画线语句的含义。

（1）可以毫不夸张地说，它永久性地灌溉了中华民族。

（2）它却卑处一隅，像一位绝不炫耀、毫无所求的乡间母亲，只知贡献。一查履历，长城还只是它的后辈。

（三）

16. 本市某著名餐厅是一家能容纳 60 桌客人同时就餐的餐厅，它是很多年轻人举行婚宴的首选。今天来了一对年轻人想预订餐厅举行婚礼，假设你是该餐厅的前台接待，请你接待并回答他们的有关询问。

问：　　　　　　　　　　　　　　　答：

（1）你们餐厅可以容纳多少桌客人？　（1）＿＿＿＿＿＿＿＿＿＿

（2）有举行婚礼的音响设备吗？　　　（2）＿＿＿＿＿＿＿＿＿＿

（3）能提供什么样的灯光设备？　　　（3）＿＿＿＿＿＿＿＿＿＿

（4）能自带酒水吗？　　　　　　　　（4）＿＿＿＿＿＿＿＿＿＿

（5）能提供司仪吗？　　　　　　　　（5）＿＿＿＿＿＿＿＿＿＿

（一）

阅读指导

"吞""啃""品"，是读书的三重境界。"吞"，就是生吞活剥，囫囵吞枣，这是累积知识、扩大眼界的必经之途；"啃"，就是咀嚼消化，强行吸收，这是将死知识化为活的血肉的过程；"品"，就是焚香沐浴，如饮醍醐，这是进入人生创造之园的门票。

作者说："'吞'至其博，'啃'至其深，'品'至灵性——若无博与深，则灵性无其根本。"结合自己的读书经历，谈谈你对这句话的理解。

读书三境界

袁利荣

读书有三境界："吞""啃""品"。

"吞"乃生吞活剥，囫囵吞枣——是充满饥饿感的发奋的青春初潮的标志。虽然广收博采难免盲目，进食过速导致肿胀——但这个过程毕竟是日后学富五车、满腹经纶的必不可少的前奏。古今中外有许多人都是进入中年后凭反刍青春岁月里的泛读而成名成家的。"吞"虽为知识累积的必经之途，但毕竟是读的低级阶段。

"啃"乃咀嚼消化，强行吸收——是志存高远的人生必经的头晕脑涨、寝食不安的砥砺智慧的夜路。咬烂磨碎骨头，获取钙质，这当然谈不上享受——但却是峥嵘人生必须付出的艰辛。"为伊消得人憔悴"是任何一位学有所成的人都不能蠲免的里程。"啃"是在"吞"之基础上的知性提高——这是将死知识化为活的血肉的过程。

"品"乃焚香沐浴，如饮醍醐——是成熟聪颖的心灵和星空的娓娓絮语。月下折枝，花前怜玉，豁然贯通的人生不胜惋惜地告别了青春光阴——庄严地踏上了奉献岁月。浮躁尽除，功利淡化，读书成了颐养灵性的乐事——"蓦然回首"，天机消溶于慧心。"品"是在"啃"之基础上的悟性升华——这是进入人生创造之园的门票。

读书人多如牛毛，但大多数都停留在第一境界，仅少数不甘人生庸碌者可进入第二境界。进入第三境界，非志强智达者不能。但能进入第三境界者，必是成功地穿越了第一与第二境界的人。"吞"至其博，"啃"至其深，"品"至灵性——若无博与深，则灵性无其根本。

举凡大家鸿儒，书读到"品"，至灵性后，往往将"吞""啃""品"三字当成进一步治学用的相济并用的三种方法："吞"文字，"啃"新意，"品"韵致。或者是：泛读的"吞"之，精读的"啃"之，需细细体悟的则"品"之。

对一般的读书人而言，不谈三境界，如能将"吞""啃""品"三字当作对待不同读物的不同阅读方法：无用的书"吞"，有用的书"啃"，启心益智的书不妨"品"——那么人生同样会受益无穷。

（选自《使用阅读》，中华书局 2003 年版）

想一想

文中说："吞""啃""品"是读书的三种境界，读完这篇文章，结合你日常读书的习惯，谈谈你有什么感悟。

（二）

日 历

冯骥才

① 我喜欢用日历，不用月历。

② 厚厚一本日历是整整一年的日子。每扯下一页，它新的一页——光亮而开阔的一天——便笑嘻嘻地等着我去填满。我喜欢日历每一页后边的"明天"的未知，喜欢它隐含着一种希望。"明天"乃是人生中最富美丽的字眼儿。生命的定义就是拥有明天。它不像"未来"那么过于遥远与空洞。它就守候在门外。走出了今天便进入了全新的明天。明天会是怎样呢？当然，多半还要看你自己的。你快乐它就是快乐的一天，你无聊它就是无聊的一天，你匆忙它就是匆忙的一天。如果你静下来就会发现，你不能改变昨天，但你可以决定明天。有时看起来你很被动，你被生活所选择，其实你也在选择生活，是不是？

③ 每年元月元日，我都把一本新日历挂在墙上。随手一翻，光溜溜的纸页花花绿绿滑过手心，散着油墨的芬芳。这一刹那我心头十分快活。我居然有这么大把大把的日子！我可以做多少事情！前边的日子就像一个个空间，生机勃勃、宽阔无边、迎面而来。我发现时间也是一种空间。历史不是一种空间吗？人的一生不是一个漫长而又巨大的空间吗？一个个"明天"，不就像是一间间空屋子吗？那就要看你把什么东西搬进来。可是，时间的空间是无形的，触摸不到的。凡是

使用过的日子，立即就会消失，抓也抓不住，而且了无痕迹。也许正是这样，我们便会感受到岁月的匆匆与虚无。

④ 我不能天天都从容地扯下一页。特别是忙碌起来，或者从什么地方开会、考察、访问归来，看见几页或是十几页过往的日子挂在那里，黯淡、沉寂和没用。被时间掀过的日子好似废纸。可是当我把这一叠用过的日子扯下来，往往不忍丢掉，而把它们塞在书架的缝隙或夹在画册中间。就像从地上拾起的落叶。它们是我生命的落叶！

⑤ 别忘了，我们的每一天都曾经生活在这一页一页的日历上。

⑥ 记得1976年唐山大地震那天，我住的亭子间被彻底摇散、震毁。我一家三口像老鼠一样找了一个洞爬了出来。当我双腿血淋淋地站在洞外，那感觉真像从死神的指缝里侥幸地逃脱出来。转过两天，我向朋友借了一架相机，爬上我那狼咬狗啃的废墟般的破楼，钻进我的房间——实际上已经没有屋顶。我将自己命运所遭遇的惨状拍摄下来。我要记下这一切。我清楚地知道这是我个人独有的经历。这时，突然发现一堵残墙上居然还挂着日历——那蒙满灰土的日历正是地震那一天：1976年7月28日，星期三。我伸手把它小心扯下来。如今，它和我当时拍下的照片，已经成了我个人生命中刻骨铭心的珍藏了。

⑦ 由此，我懂得了日历的意义。它原是我们生命忠实的记录。从"隐形写作"的含义上说，日历是一本日记。它无形记载我每一天遭遇的、面临的、经受的，以及我本人的应对与所作所为，还有改变我和被我改变的。

⑧ 然而人生的大部分日子是重复的——重复的工作与人际，重复的事物与相同的事物都很难被记忆。所以我们的日历大多页码都是黯淡无光的。过后想起来，好似空洞无物。于是，我们就碰到一个非常重要的关于人本的话题——记忆。人因为记忆而厚重、智慧和变得理智。更重要的是，记忆使人变得独特。因为记忆排斥平庸。记忆的事物都是纯粹深刻而个人化的。所有的个人都是一个个独特的"个案"。记忆很像艺术家，潜在心中，专事刻画我们自己的独特性。你是否把自己这个"独特"看得很重要？广义地说，精神事物的真正价值正是它的独特性。无论是一个人，还是一种文化。记忆依靠载体。一个城市的记忆留在它历史的街区与建筑上，一个人的记忆在他的相片上、物品里、老歌老曲中，也在日历上。

⑨ 然而人不能只是被动地被记忆，我们还要用行为去创造记忆。我们要用情

感、忠诚、爱心、责任感，以及创造性的劳动去书写每一天的日历。把这一天深深地镶嵌进记忆里。我们不是有能力使自己的人生丰富、充实以及具有深度和分量吗？

⑩ 为此每每到了一年的最后的几天，我都是不肯再去扯日历。我总把这最后几页保存下来。这可能出于生命的本能。我不愿把日子花得精光。你一定笑我，并问我这样就能保存住日子吗？

⑪ 正像保存葡萄最好的办法是把葡萄变为酒，保存岁月最好的方式是把岁月变成永存的诗篇或画卷。

（选自《周末文汇》2003 年第 7 期）

1. 文章第②自然段中，"有时看起来你很被动，你被生活所选择，其实你也在选择生活"这句话在文中的意思是什么？请用自己的话表述。

2. 作者喜欢日历的原因有哪些？

3. 文章以"日历"为题，后半部分为什么着重写"记忆"？请根据文章简要分析。

4. 请你从取材和语言两方面，对文章做简要分析。

5.《日历》一文，从一个侧面告诉我们，时间如流水，时间如白驹过隙。走在人生路上，有人感叹"渺沧海之一粟""羡长江之无穷"，有人"对酒当歌，人生几何"，更有人哪怕"老骥伏枥"，依然"志在千里"。看着日历一页一页翻过去，正当年少的你有什么感想呢？

请以"做最好的自己"为话题，自定文体、自选角度、自拟题目，写一篇600字左右的文章。

职业与理想

十 列车上的偶然相遇

一、基础知识应用

1. 下列加点字的注音，不完全正确的一项是 （　　　）

A. 卑（bēi）微　　积攒（zǎn）　　执着（zhuó）　　对峙（zhì）

B. 勉强（qiáng）　　翌（yì）日　　应聘（pìn）　　歼（jiān）灭

C. 颠簸（bǒ）　　萧瑟（sè）　　迥（jiǒng）然　　哺（bǔ）育

D. 呷（xiā）一口　　自传（zhuàn）　　储（chǔ）蓄　　嗔（chēn）怪

2. 依次填入下列句子横线处的词语，正确的一项是 （　　　）

（1）翌日他就被人叫进校长室。父亲怀着_____的心情在这位威严的人面前坐定。

（2）父亲惊讶得_____。这出人意料的恩惠使父亲不用再每天奔波于学校、打工餐馆之间。

（3）我突然想起了博西先生，正是他的帮助，改变了我们一家的_____。

A. 忐忑不安　　目瞪口呆　　发展轨迹

B. 目瞪口呆　　忐忑不安　　前途命运

C. 犹豫不决　　忐忑不安　　前途命运

D. 目瞪口呆　　犹豫不决　　发展轨迹

3. 下列说法不符合博西先生形象特点的一项是 （　　　）

A. 富有、有身份、素养高。

B. 为人平易谦和、乐善好施。

C. 热心帮助上进青年。

D. 克勤克俭的绅士。

4. 以下各句中，不属于心理描写的一句是（　　）

A. 失败的沉重负担，使他抬不起头来："也许该回农场去了吧？……"

B. "我是格林斯堡大学的学生，先生。但我如今正准备回家种田。"这样交谈了半小时。

C. 翌日他就被人叫进校长室。父亲怀着忐忑不安的心情在这位威严的人面前坐定。

D. 坐在豪华的大办公室里，我突然想起了博西先生，正是他的帮助，改变了我们一家的发展轨迹。

5. 下列各句中，没有语病的一句是（　　）

A. 这位神秘的博西先生之所以给我父亲一次机会，就是父亲首先显示出了一个人的真正价值：执着、认真。

B. 他给人的印象是：他总是在满怀激情地参与和享受生活。

C. 同学们对值周班指出有人乱倒剩菜剩饭的现象，普遍感到十分气愤。

D. 不管天气和地形都极为不利，队员们仍然克服了困难，成功攀上山的顶峰。

6. 仔细品味"翌日他就被人叫进校长室。父亲怀着忐忑不安的心情在这位威严的人面前坐定"一句，设想一下引起"父亲""忐忑不安"的具体原因。

_____

_____

二、阅读与表达能力训练

阅读下面两段文字，完成 7—16 题。

（一）

我们兄弟姐妹无论何时相聚在一起，总是免不了谈论起我们的父亲，以及父亲那个晚上在火车里遇到的神秘的先生。

我们是黑人。父亲西蒙·阿历克斯·哈利，1892 年出生在美国田纳西州的一个小农场里。作为刚被解放了的黑奴的儿子，可以想象他的地位之卑微。当他吵着要去上大学时，祖父总共只给了他50美元："就这么些，一个子儿也不会加了。"凭着_____，父亲艰辛地读完了预科班，接着又考取了北卡罗来纳州格林斯堡大学，勉强读到二年级。一个烈日炎炎的下午，父亲被召进教师办公室，他被告知，因为无钱买课本的那一门功课的考试不及格。失败的沉重负担，使他抬不起头来："也许该回农场去了吧？……"

几天以后，父亲收到客车公司的一封信："从几百名应聘者中，你被选上作为夏季旅客列车的临时服务员。"父亲_____地去报到，上了布法罗开往匹兹堡的火车。显然，不积累点路费，又怎么回农场呢？

清晨两点钟，车厢内拥挤闷热，_____的父亲穿着白色的工作服，仍在颠簸的车厢里缓缓巡回。一位穿着讲究的男子叫住了他，他说他与妻子都无法入睡，想要一杯热牛奶。父亲不一会儿就在银色的托盘里放了两杯热牛奶与餐巾，穿过拥挤的车厢，_____地端到这位男子面前。这人递给他妻子一杯，又递给父亲5美元小费，随后，慢慢地从杯中一口一口地呷着牛奶，并开始了交谈。

"你从哪儿来？""田纳西州的大草原，先生。""这么晚了，你还工作？""这是车上的规矩，先生。""太好了。做这工作之前你干什么？""我是格林斯堡大学的学生，先生。但我如今正准备回家种田。"这样交谈了半小时。

整个夏季，父亲一直在火车上干活，他积攒了不少钱，远远超出了回家的路费。父亲想，这点积蓄已够整整一学期的学费，何不再试一学期，看看究竟能取得什么样的成绩。他又回到了格林斯堡大学。

7. 依次填入文中横线处的词语，正确的一项是（   ）

A. 克勤克俭   匆匆忙忙   忠于职守   极为规范

B. 极为规范   克勤克俭   忠于职守   匆匆忙忙

C. 忠于职守   匆匆忙忙   极为规范   克勤克俭

D. 匆匆忙忙   极为规范   克勤克俭   忠于职守

8. 文中运用了哪些人物描写的方法写"父亲"做事的执着和认真？请分别加以说明。

9. "父亲"做事的执着认真，除了体现在作为列车临时服务员的忠于职守，还体现在哪些方面？请简要说明。

10. "父亲"到列车上当临时服务员，本意是为了积累点路费回农场，可干了一个夏天后，怎么又改变主意想回学校学习了？请说明原因。

11. 结合课文内容，谈谈"父亲"的经历给了我们什么启发。

（二）

① 两个乡下人，外出打工，一个去上海，一个去北京。可是在候车厅等车的时候，他们都又改变了主意。因为邻座的人议论说，上海人_____，外地人问路都收费；北京人_____，见吃不上饭的人，不仅给馒头，还送旧衣服。

② 去上海的人想，还是去北京好，挣不到钱也饿不死，幸亏车还没到，不然真掉进了火坑。

③ 去北京的人想，还是去上海好，给人带路都能挣钱，还有什么不能挣钱的？我幸亏还没有上车，不然真失去一次致富的机会了。

④ 于是他们在退票处相遇了。去北京的人得到了去上海的票，去上海的人得到了去北京的票。

⑤ 来到北京的人发现，北京果然好。他初到北京的一个月，什么都没干，竟然没有饿着。不仅银行大厅里的水可以白喝，而且大商场里欢迎品尝的点心也可

以白吃。

⑥ 来到上海的人发现，上海果然＿＿＿＿＿＿＿＿＿。带路可以赚钱，开厕所可以赚钱，弄盆凉水让人洗脸也可以赚钱。只要想点办法，花点力气都可以赚钱。

⑦ 凭着乡下人对泥土的感情和认识，第二天，他在建筑工地装了10包含有沙子和树叶的土，以"花盆土"的名义，向平时不见泥土而又爱花的上海人兜售。当天他在城郊间往返6次，净赚了50元钱。一年后，凭"花盆土"，他竟然在大上海拥有了一间小小的门面。

⑧ 在常年的走街串巷中，他又有一个新的发现：一些商店楼面亮丽而招牌较黑，一打听才知道这是清洗公司只负责洗楼不负责洗招牌的结果。他立即抓住这一空当，买了人字梯、水桶和抹布，办了一个小型清洗公司，专门负责清洗招牌。如今他的公司已有150多个打工仔，业务也由上海发展到杭州和南京。

⑨ 前不久，他坐火车去北京考察清洗市场。在北京车站，一个捡破烂的人把头伸进软卧车厢，向他要一只啤酒瓶，就在递瓶时，两个人都愣住了，因为5年前，他们曾换过一次票。

（选自《语文知识》2005年第1期，作者：刘燕敏）

12. 第①自然段中横线上依次应填入的词语是（　　）

A. 能干　忠厚　　B. 机灵　厚道　　C. 精明　质朴　　D. 聪明　善良

13. 在第⑥自然段横线上填入一句恰当的话：＿＿＿＿＿＿＿＿＿＿＿＿。

14. 下列对文章理解、评析不正确的一项是（　　）

A. 文章通过两个人的生活经历，生动表现了上海、北京两地市民的性格特征这一主题。

B. 通过两个人经历的对比，表达了作者对进取精神和创造精神的赞美。

C. 巧妙运用对比手法，用事实来启迪读者思考人生，容易为读者接受。

D. 巧妙运用首尾呼应的写作方法，体现了构思上的艺术魅力。

15. 文末再次意外相遇时，"两个人都愣住了"，列车启动后，他们心里各自会想些什么？按照你的感悟为短文续写一段结尾。

16. 给短文拟一个简洁的标题：_____

（三）

17. 为营造职业学校专业学习的氛围，提升校园文化内涵，××职业教育中心校学生处将在全校范围内进行"职业特色教室"布置的评比活动。请你以学生处的名义，起草一份《"职业特色教室"布置评比活动策划书》。

要求：

（1）内容明确，结构完整。

（2）文字简洁明了，使人容易理解。

（3）有关安排及要求具体，对活动有指导作用，方案具体可行。

*十一　绝　　品

一、基础知识应用

1. 下列句子中，加点字的注音正确的一项是（　　）

A. 保定城南有一家装裱（piǎo）店，店主姓常。

B. 有时没有生意，三爷便与常先生闲聊神侃（kǎi）。

C. 三爷惊了脸，半晌（xiǎng）说不出话来。

D. 三爷大喜过望，披衣起床，忙不迭（dié）喊下人摆下酒席。

2. 下列词语中，没有错别字的一项是 （　　　）

A. 赞叹　　目力老到　　分外　　茶楼酒肆

B. 不屑　　价值连城　　郑重　　共商国是

C. 旋既　　坚忍不拔　　推荐　　爆喝一声

D. 搀扶　　战战竞竞　　惠眼　　刚愎自用

3. 依次填入各句横线处的词语，最恰当的一项是 （　　　）

（1）此画实为无价之宝，唐代珍品。_____是主顾急着用钱，才忍痛抛出。

（2）马氏终是放心不下那幅画，差下人到京城请来一位古董行家，_____那幅画。

（3）三爷看常先生一脸_____，点头说记下了。

（4）这些都是国宝，我恐家人_____。送与先生收藏。

A. 委实　　鉴定　　郑重　　不屑

B. 的确　　鉴赏　　谨慎　　不懂

C. 的确　　鉴赏　　郑重　　不屑

D. 委实　　鉴定　　谨慎　　不懂

4. 下列各句中，加点的虚词能换成括号内的虚词并且意思完全相同的一项是 （　　　）

A. 国际关系一再（永远）动荡，不符合全球根本利益。

B. 既然（如果）情况属实，那就应当坚决予以制止。

C. 这几天我经常（常常）接到一些莫名其妙的电子邮件。

D. 不妨开门见山，也许（无疑）更好些。

5. 下面句子中，使用同样修辞手法的一项是 （　　　）

（1）三爷暴喝一声，直如猛虎一般。

（2）一年，又一年，二号桌始终默默地等待着。

（3）常先生慨然一叹："三爷啊，人在江湖，身不由己啊。"

（4）一些模样落魄的旧字画到了他的手里，一经装裱，便神气崭新。

A. （1）（3）　　　　B. （2）（3）　　　　C. （2）（4）　　　　D. （3）（4）

6. 下列对课文的理解，不正确的一项是 （　　　）

A. 刘三爷得知马氏将字画卖了，自己冒雪去把画赎了回来，表现出他珍视友情、重信守诺的品质。

B. 王商人因为同情革命，所以才会将这批珍贵的字画退还给刘三爷。

C. 常先生在临刑前哈哈大笑，面色如常，表现了在国家危亡的时刻，他不顾个人安危想拯救国家、拯救民族的气节。

D. 刘三爷和常先生虽然身份、处境各不相同，但他们都共同表现出对祖国艺术珍品的热爱。

二、阅读与表达能力训练

阅读下面两段文字，完成7—15题。

（一）

那天，三爷又与常先生在酒楼闲侃，侃了一会儿，三爷就问："我真是不懂，今天冒失地问一句，先生目力老到，辨得真伪优劣，如何不做些收藏生意？"

常先生呷一口酒，笑道："凡事依性情而定。三爷是聚财的性子，我是散财的脾气，好东西到了我手里，只怕是日后嘴馋挨不住，要换了酒吃的。"说完，就笑。

三爷也笑了。

常先生左右看看，凑近三爷，低了声音道："我手上现有一张古画，主顾要大价钱。我劝三爷吃进，三爷可否有意？"

三爷笑道："先生替我看中，买进便是。但不知那边开价多少？"

常先生道："三千大洋。"

"三千？"三爷倒吸一口气，就有些口软。

常先生笑道："我仔细看过，此画实为无价之宝，唐代珍品。委实是主顾急着用钱，才忍痛抛出。三爷不可错过机会。"

三爷点点头："既然先生已经认定，我明日凑足银子就是。"

常先生又道："三爷若收下此画，万不可示人。若是有人开价，出多少也是不能卖的啊。"

三爷看常先生一脸　　(1)　　，点头说记下了。

三爷回家告诉了马氏，让马氏去凑足大洋。

马氏听得呆了："什么宝贝？值这么多？"

三爷道："常先生看中，断不会错的。你莫要再多言了。"

第二天，常先生携一布包，来到三爷家中。三爷摒去下人，又关门闭窗，常先生才打开布包，里边又是布包，如此四五层，最后取出一幅画来。打开，那纸已泛深黄，但托裱一新。

三爷埋头看画，却看不出名堂，抬头＿＿＿（2）＿＿＿一笑："刘某眼拙，还望常先生指点。"

常先生笑了笑，就把画卷好，重新包裹严密，双手交与三爷，郑重说一句："三爷啊，关于此画，我不再多说，此画价值连城，悉心藏之啊。"

三爷也＿＿＿（3）＿＿＿接下："刘某记下了。"就喊进马氏，取来三千大洋的银票，交与常先生。

常先生就告辞。

第二天，三爷刚刚起床，下人来告，说常先生的店铺被官府抄了，已查封，常先生也不在店里。

三爷惊了脸，半晌说不出话来。

常先生从此失踪，保定街上便传常先生原是江洋大盗，犯了重案，改名换姓，来保定藏身。三爷听过，无动于衷。

又过了些日子，马氏终是放心不下那幅画，差下人到京城请来一位古董行家，鉴定那幅画。

那行家认真看过，一阵无语之后，长叹一声："此画不假，可惜是揭品，便不值几文了。"

三爷一怔，忙问何为揭品。

行家道："所谓揭品，即一张画分两层揭开。这非一般作假者所能为之。此画更为厉害的是，将一张画揭为两张，且不露一点痕迹。这张是下边的一层，不值钱的。但此画揭得平展、无痕、匀称，也算得上世上罕见的装裱高手所为了。"

三爷听得发呆，许久，点头称是，就送走了古董行家。

马氏忍不住心疼地骂起来："姓常的黑心，坑了咱三千大洋啊。"

三爷登时沉下脸："不可胡说，我与常先生非一日之交，他坦荡爽直，怎么会哄骗我。千虑一失，或许常先生走了眼。即使常先生知此内情，也或许另有难言之隐。不可怪他。"

马氏就不敢再说。

这年冬天，常先生竟又回到保定。夜半敲动三爷家的门。三爷的下人急忙来报。

三爷大喜过望，披衣起床，忙不迭喊下人摆下酒席。

二人相对坐下，刚刚要举杯，马氏进来，讥笑道："常先生果真走了眼力，卖与我家老爷一张好画！"

常先生一愣，旋即大笑起来。

三爷怒瞪了马氏一眼，也笑道："不提不提，吃酒吃酒。"

常先生喝了一会儿酒，叹道："我与三爷相交多年，甚是投缘。或许就今夜一别，再不能相见了。"

三爷道："常先生何出此言？我观先生举止不凡，将来或许能成大事啊。"

常先生哈哈笑了："多谢三爷夸奖。"就大杯痛饮，十分豪气。

喝罢酒，天已微明。常先生就告辞。

三爷依依不舍："常先生何日再回保定？"

常先生____(4)____一叹："三爷啊，人在江湖，身不由己啊。"说罢，重重地看了三爷一眼，拱拱手，大步出门去了。并不回头。

三爷急急地送出门去，在晨雾中怔怔地呆了半晌。

再一年，三爷店铺中的伙计到京城办货，回来后战战兢兢地告诉三爷，说亲眼见常先生在京城被砍了头，罪名是革命党。临刑前常先生哈哈大笑，面色如常。

三爷听得浑身一颤，坐在椅子上一动不动，泪就匆匆地淌下来，直打湿了衣襟。

马氏听了，一声冷笑："真是报应，那次被他坑去了三千大洋。"

三爷暴喝一声，直如猛虎一般。

马氏一哆嗦，不敢再说，悄悄退下去了。

入夜，三爷独自关在房中，把所有常先生帮他买下的字画，其二十余幅，挂在房中，呆呆地看。看久了，就含了泪，叹一声。直看到天光大亮，才一一摘下，悉心收起。

7. 文中（1）（2）（3）（4）处依次填入的词语，正确的一项是（　　）

A. 郑重　　淡然　　庄重　　慨然　　B. 庄重　　淡然　　郑重　　慨然

C. 淡然　　庄重　　慨然　　郑重　　D. 慨然　　庄重　　淡然　　郑重

8. 常先生三千大洋卖给三爷的画是揭品，三爷知道了。在常先生又回到保定来到三爷家时，"三爷大喜过望，披衣起床，忙不迭喊下人摆下酒席"。这句话说明了刘三爷什么样的人品？

9. 常先生与三爷私交很好，但常先生不把这些画送给刘三爷而是卖给他，是不是利欲熏心呢？为什么？

10. 揭品并不值钱，常先生把这幅画揭为两张的目的是什么？

（二）

印白先生四岁握笔，九岁出字。先给左邻右舍写联画帖，后给达官贵人描扇点匾。十四岁晋见巡游的皇帝，御前走笔，龙颜赞叹，当场赐银百两，旨令将其抄书立碑留存。

从此，印白先生名扬大江南北。但名气大了，人也傲了。每天舞笔练字，很少再给别人，就是显贵人家出资丰厚，也遭婉言拒绝。物稀为贵，惜字如金。印白先生的名气更响。据说有人为求几字，竟愿割田百亩。

野村少佐求字时，印白先生鬓发已白。野村是城防司令，中国通。抓来印白先生，假意训斥下级，扇了绑印白先生小队长的耳光。然后抛手解绳，递烟递茶，恭请印白先生坐下。歉意地说："先生的，大大的对不起，请你的海涵。"

印白先生抚摸着红紫的手臂，鼻孔连出几声"哼"。

"先生，"野村竖拇指夸奖，"大大的了不起。字的，我特别地欣赏……"

印白先生斜眼野村，架起二郎腿，端茶呷了一口。

野村斟茶，满脸堆笑，话入正题："我的，请先生赐字，不知先生的意向？"

"不写！"印白先生斩钉截铁地回答。

"……"野村十分尴尬。

印白先生起身便走，门岗架刺刀拦住他。野村打个手势，岗哨收回刺刀。野村陪印白先生出门，鞠躬道："好走。"

印白先生头也没回。

野村数次登门，软磨硬泡求字。印白先生始终不买账，对家人说："此倭贼杀人如麻，即使杀了我，我也不给他写半个字。"

家人担心野村真下毒手。

印白先生淡然一笑，说："倭贼要笼络人心，可能还不至于动我这种有名气的人吧。"

野村再请印白先生，话不投机，露出杀相，用东洋刀砍下桌角，威胁说："你的再不写，死了死了的！"

第二天，押印白先生去，见面几句话，就手刃一俘兵。印白先生战栗。野村抓住他的右臂，指着东洋刀上的血，狞笑说："快快写，我的好说。"

印白先生牙咯咯响，犟过头。

野村用刀支过他的头，狂叫："写的不写！"

印白先生从牙缝挤出两字："不写！"

"咔嚓"，野村下了毒手。印白先生被人扶回，在床上昏睡三天。乡邻好友守候身旁，无不掉泪。印白先生反而安慰他们："别伤心，倭贼没断我双手，只要有手，我印白还是印白。"

四年后，野村进山扫荡，被八路军击毙。日本兵在城里祭祀。天亮，贴告示的地方，耸立八个斗字："血刃倭贼，天下称快。"苍劲雄浑，洒脱耀眼。内行者赞曰："除印白先生，再无人可比。"

（选自《绝唱》，长江文艺出版社 2001 年版）

11. 请概括第 1、2 自然段的内容。（各 20 字以内）

第 1 自然段：_____

第 2 自然段：_____

12. 野村采取了以下手段求字：_____；_____；

_____。

13. 印白先生最终为野村写字了吗？在什么时候？写的是什么字？

14. 内行者（对八个斗字）赞曰："除印白先生，再无人可比。"请从字的本身和字的内容两方面说说"无人可比"的含义。

15. 文章描写印白先生的语句极为简练，却使人感到栩栩如生。请举两例。

（三）

16. 公司将在市中心广场进行产品投放市场 20 周年的大型促销活动，作为公司营销策划宣传部门的一员，你被部门经理派到"广场管理办公室"，就场地使用的时间、具体位置、费用以及现场促销文艺表演等问题与办公室负责人进行协商。请把预想中的协商经过写下来。

（一）

阅读指导

生命的历程常常会遇到一些困境，尽管做了很多努力，但仍觉前途茫茫，看不到希望。此时，我们是自暴自弃还是坚守理想？文章通过一支风俗民情考察队，在沙漠里迷失方向后，靠一壶"水"的支撑，最终战胜自然、战胜死亡、走出沙漠的故事告诉我们：在困难面前要坚守希望，怀抱信念，咬紧牙关走下去，只有这样，才能走出困境，迎来新的曙光。

走 出 沙 漠

沈 宏

他们四人的眼睛都闪着凶光，并且又死死盯住挂在我胸前的水壶。而我的手始终紧紧攥住水壶带子，生怕一放松就会被他们夺去。

在这死一般沉寂的沙漠上，我们对峙着。这样的对峙，今天中午已经发生过了。

望着他们焦黄的面庞与干裂的嘴唇，我也曾产生过一种绝望，真想把水壶给他们，然后就……可我不能这样做！

半个月前，我们跟随肇教授沿着丝绸之路进行风俗民情考察。可是在七天前，谁也不知道怎么会迷了路，继而又走进了眼前这片杳无人烟的沙漠。干燥炎热的沙漠消耗了我们每个人的体力。食物已经没有了。最可怕的是干渴。谁都知道，在沙漠上没有水，就等于死亡。迷路前，我们每人都有一壶水；迷路后，为了节省水，肇教授把大家的水壶集中起来，统一分配。可昨天夜里，肇教授死了。临死前，他把挂在脖子上的最后一个水壶给我说："你们走出沙漠全靠它了，不到万不得已时，千万……千万别动它。坚持着，一定要走出沙漠。"

这会儿他们仍死死盯着我胸前的水壶。

我不知道什么时候能走出这片沙漠，而这水壶是我们的支柱。所以，不到紧要关头，我是绝不会取下这水壶的，可万一他们要动手呢？看到他们绝望的神色，我心里很害怕，我强作镇静地问道："你们……"

"少啰唆！"满脸络腮胡子的孟海不耐烦地打断我，"快把水壶给我们。"说着一步一步向我逼近。他身后的三个人也跟了上来。

完了！水壶一旦让他们夺去，我会……我不敢想象那即将发生的一幕。突然，我跪了下来："求求你们不要这样！你们想想教授临死前的话吧。"

他们停住了，一个个垂下脑袋。

我继续说："目前我们谁也不知道什么时候能走出沙漠，而眼下我们就剩下这壶水了。所以不到紧要关头还是别动它，现在离黄昏还有两个多小时，趁大家体力还行，快走吧。相信我，到了黄昏，我一定把水分给大家。"

大伙又慢慢朝前艰难地行走。这一天总算又过去了，可黄昏很快会来临。过了黄昏还有深夜，还有明天，到时……唉，听天由命吧。

茫茫无际的沙漠简直就像如来佛的手掌，任你怎么走也走不出，当我们又爬上一个沙丘时，已是傍晚了。

走在前面的孟海停了下来，又慢慢地转过身。

天边的夕阳渐渐地铺展开来，殷红殷红的，如流淌的血。那景色是何等壮观！夕阳下的我与孟海他们再一次对峙着，就像要展开一场生死的决斗。我想此时已无路可走，还是把水壶给他们吧。一种真正的绝望从心头闪过，就在我要摘下水壶时，只听郁平叫道："你们快听，好像有声音！"

大伙赶紧趴下，凝神静听，从而判断出声音是从左边的一个沙丘后传来的，颇似流水声。我马上跃起："那边可能有绿洲，快跑！"

果然，左边那高高的沙丘下出现一个绿洲。大家发疯似的涌向湖边……

夕阳西沉，湖对岸那一片绿色的树林生机勃勃，湖边开满了种种芬芳的野花。孟海他们躺在花丛中，脸上浮现出满足的微笑。也许这时他们已忘掉了还挂在我胸前的那个水壶。可我心里却非常难受，我把他们叫起来："现在我要告诉你们一件事。为什么我一再不让你们喝这壶水呢？其实里面根本没有水，只是一壶沙。"我把胸前的水壶摘下来，拧开盖。霎时，那黄澄澄的细沙流了出来。

大伙都惊住了。

我看了他们一眼，沉重地说："从昨天上午开始，我们已经没有水了。可教授没把真相告诉我们。他怕我们绝望，所以在胸前挂了一个水壶，让我们以为还有水。为了不让我们看出是空的，他偷偷地灌上一壶沙。最后，教授知道自己不行了，因为他已好几天不进水了，他把自己的一份水都给了我们。教授把事情告诉我并又嘱咐，千万别让大家知道这水壶的真相。它将支撑着我们走出沙漠。万一他不行了，让我接替下去……"

我再也说不下去了。孟海他们已泣不成声。当大家回头望着身后那片死一般沉寂的长路时，才明白是怎样走出了沙漠……

（选自《小小说百家代表作》，河南人民出版社 1992 年版）

想一想

这篇小说的主人公是谁？为什么？对主人公，作者是用什么方法来描写的？读完小说，你对理想在人的职业生涯中的作用有哪些新的感悟？

（二）

第一位委托人

[德] 威吉兰兹

约翰·史密斯的律师事务所里还散发着油漆的气味。约翰很年轻。他的事务所今天早晨刚开张，只有一间等候室和一间工作室。现在，这位刚开业的律师正坐在他的大办公桌后面等着他的第一位委托人呢！

第一位委托人会是什么人呢？一个女人？一个男人？也许是个巨贾？或者是一个老百姓？不管他长得怎样，是个什么人，我绝不能让他知道他是第一位委托人。约翰想，谁也不想当第一个，无论是医生还是律师。一个才开张就非常忙碌的律师事务所准能马上赢得顾客的信任。

他正想着，外面楼梯上响起了男人沉重的脚步声。来人慢慢向等候室走过来。约翰满意地听着开门和关门的声音。接着，工作室半掩的门上响起了敲门声，约翰看见走进来的是一位头发灰白、衣着朴实的男子。他想，这是个会给我带来好运气的老百姓。和老百姓一起耕种的人准会获得丰收。

"请原谅……"来人说。

约翰迅速拿起面前的电话:"实在对不起,请稍等一下好吗?我有两个要紧的电话要打。"

他随便拨了个号码,静了一秒钟,然后报出了自己的姓名。

"我是……"来人想打断他的话。

约翰摇摇手,"请稍等一下,先生,我马上就招待您。"他清清嗓子,对话筒说:"是的,我是史密斯律师。我可以同五金工人工会主席菲普西先生讲话吗?不在?那今晚6点可以见见他吗?什么?对,就是为机械工狄克逊提出权益要求的那件事。您说什么?对不起,不行,再早我没时间。今天下午我还有好几位委托人。好!就6点。再见。"

"律师先生……"来人说。

"好吧,"约翰亲切地微笑道,"既然您这样急,我就先办您的事。我等会儿再打另一个很重要的电话。您要委托我办什么案子,先生?"

来人走近几步,报以同样亲切的微笑:"是的,我很着急。您知道干什么工作都是这样的,不过不是委托您办案。我是邮局的,来为您的电话接上线。"

(选自《高中语文精读训练》,浙江教育出版社 2000 年第 8 期)

1. 小说的主题是什么?请用 20 个左右的字概括。

2. 作者为小说最后"出乎意料"的结尾埋下了哪些伏笔?请具体说明。

3. 约翰律师把邮局接线员误当作委托人,这样的构思具有怎样的艺术效果?

4. 请补写一段结尾，描写约翰律师听到接线员的话后的神态和心理。

5. 依据本文设置悬念的结构方式，写一篇小小说。主题、内容自定，题目自拟，不少于 800 字。

第五单元

敬业与乐业

十三 青蒿素：人类征服疾病的一小步

一、基础知识应用

1. 下列加点字的注音有误的一项是（　　　）

A. 青蒿（hāo）　　　疟（lüè）疾　　　拯（zhěn）救

B. 碱（jiǎn）性　　　相悖（bèi）　　　重挫（cuò）

C. 化瘀（yū）　　　狭窄（zhǎi）　　　福祉（zhǐ）

D. 精髓（suǐ）　　　振（zhèn）奋　　　砒（pī）霜

2. 下面的句子排序正确的一项是（　　　）

① 20 世纪 50 年代，由于疟原虫抗药性的出现，疟疾重新开始肆虐，消灭疟疾的国际努力遭受重挫。② 我带领由植物化学和药理学专业研究者组成的团队，开始从中草药中寻找并提取可能具有抗疟疗效的成分。③ 1967 年，中国政府启动"523"项目来抗击疟疾。④ 疟疾威胁人类健康长达数千年。⑤ 1969 年，中医研究院任命我领导抗疟药研究工作。

    A. ⑤④①②③　　　　　　　B. ④①③⑤②

    C. ②④③⑤①　　　　　　　D. ③⑤④①②

3. 下列句子中，标点符号使用有误的一项是（　　　）

A. 非常荣幸在这里接受今年的拉斯克临床医学研究奖——这一生物医学领域最负盛名的奖项，衷心感谢评委会对我在发现青蒿素及其治疗疟疾的功效等方面贡献的肯定。

B. 青蒿素的发现是人类征服疾病进程中的一小步，基于青蒿素的联合疗法

（ACT）已成为世界卫生组织推荐的一线抗疟方案，对此我深感鼓舞和欣慰。

C. 我们随即转向第二步：将这个天然分子变为药物。

D. 在 1971 年 10 月 4 日，我们成功得到了安全性高的中性提取物，并获得对感染疟疾的小白鼠和猴子百分之百的抗疟药效！

4. 下列各句中，加点的成语或熟语使用有错误的一句是（　　　）

A. 我一介书生，而且无家室之累，打开天窗说亮话，又有何妨？

B. "豪强"与"官家"，历来是一个鼻孔出气，狼狈为奸。

C. 工作缺乏通盘考虑，扬长避短，顾此失彼，这是许多人干不好工作的重要原因。

D. 百位知名学者十余年来殚精竭虑，通力合作，《现代汉语词典》终于问世了。

5. 下列各新闻标题中，没有语病的一项是（　　　）

A. 首都教师近日争考名校校长。

B. 名牌辞书连续 3 年重印 10 次。

C. 真正的优秀教师无一不是道德修养的模范。

D. 应我国科学院的邀请，霍金于 4 月 10 日前来我国访问。

6. 随着时代的发展，新词语层出不穷，仅改革开放以来就出现了 2 000 多个，比如媒体、炒鱿鱼、追星族等。为了更好地掌握与运用这些新词语，你们班开展了一次语文活动，老师把同学们分成若干个小组搜集新词语，你也积极参加这项活动。

（1）你们小组将通过哪些渠道搜集新的词语？（至少答两种）

（2）下面是同学们搜集到的新词语，请你将它们分成三类。
①麦当劳　②亲子鉴定　③网虫　④肯德基　⑤试管婴儿　⑥美眉

（3）请你结合学过的语文知识和对语言的感悟，简要概括其中一类新词语某一方面的特点。

二、阅读与表达能力训练

阅读下面两段文字，完成7—15题。

（一）

青蒿素是中医药学给予人类的一份珍贵礼物。和植物化学的其他发现在药物开发中的应用相比，从青蒿提取物到青蒿素的研发历程相当快速，然而，这绝不是中医药智慧的唯一果实。中国的基础和临床研究还发现，具有悠久应用历史的中药砒霜，用于治疗白血病颇具疗效，已经成为治疗白血病的重要选择。对治疗失忆有效的石杉碱甲，也是从中草药"千层塔"中提取的，是我国用于治疗老年性精神障碍的一种临床用药。

然而，单一药物治疗某一特定疾病的现象在中医实践中非常少见，复方用药才是中医几千年来的主要用药形式。通常，中医师按中医理论和方法诊断病人症候，对症开出由多种中药按君臣佐使组成的处方，并随着病情的发展和症候的变化，随时调整处方的药味和剂量，以达到良好的疗效。这样的辨证施治疗法和有效方药的积累对中华民族的繁衍昌盛作出了积极贡献。我们从中药青蒿研发出抗疟药物青蒿素，仅是发掘中医药宝库的努力之一。

心血管疾病的治疗也受益于中医药学。中医的一个治则是活血化瘀，这一治则也适用于冠心病的术后维护。中药提取的芍药苷等被用于防止经皮冠状动脉介入治疗后的血管再狭窄，临床显示再狭窄率大幅降低。还有许多其他证据支持中医活血化瘀的临床疗效。

和心脑血管疾病相关的一个新领域也正在发展，即所谓的生物力药理学，旨在将中药的药效和血流的生物力学影响相结合，用于防病治病。实验研究表明，保健运动可提高血流剪应力，再联合使用某些活血中药，可以减少动脉粥样硬化的形成。

这里所举中医药对人类健康的贡献，不过沧海一粟。我的梦想是：在同威胁人类健康与生命的疾病的斗争中，中医药学进一步发挥威力，为维护世界人民的健康与福祉作出新贡献！

7. 结合上下文，解释节选文字中加点词语的含义。

君臣佐使：_____

治则：_____

8. 简要概括节选文字的内容。

9. 这部分先讲青蒿素的意义，再讲中医药学的贡献，用了什么手法？有什么作用？

10. 节选文字画线句子中的"重要"两字能否去掉？

11. 说说对节选文字最后一个自然段的理解。

（二）

第一次接触海尔，是大学刚毕业，单位组织参观学习，去的是海尔路的海尔工业园。过去的很多年，"身边无大师"，我像很多住在这座城市的市民一样，很少了解海尔究竟是怎样的一家企业。第一次参观海尔的印象只有两个字：干净。我很吃惊地发现这个工厂处处洁净有序，包括洗手间。多年以后，我采访过不少企业，发现一个共同的规律：优秀的企业，没有一家不是井然有序、窗明几净的。

一家企业的成长也如一个人。在《富兰克林自传》里，本杰明·富兰克林作为美国精神文本的创造者，有一张日历表，上面井然有序地记录了每天24小时的行动计划，那是他多年如一日的坚持。本杰明·富兰克林是平凡人的楷模，他讲究秩序。秩序是宇宙运转之本。自然、个体，出生、死亡，都在秩序里单调地重复着。渺小的人类、单薄的个体，需要秩序的厚积。

在海尔创业20周年的时候，我采访杨绵绵女士，问她："20年，海尔怎样实现了可持续发展？"她答："是把一件简单的事，认真干了20年。"她解释说："海尔要沉下心来慢慢品。虽然谁都知道海尔文化的核心是创新，但创新是要落地的。怎么落地？没有神话，没有传奇，海尔只是把简单的事认真干了20年。什么叫不简单？能够把大家都公认的非常简单的事，千百遍地做对就是不简单。什么叫不容易？能够把容易的事情认真做好，就是不容易。海尔把'认真'坚持了20年。"很多人学海尔，为什么海尔的管理模式搬不走？它太枯燥、太认真、太辛苦，于是学的人很快就偃旗息鼓了。杨绵绵说，人有三商：情商、智商和韧商，而韧商最难获得。

（节选自《张瑞敏管理日志》，中信出版社2008年版，作者：胡泳、秦劭斐）

12. 解释下列词语并造句。

（1）井然有序

词义：＿＿＿＿＿＿＿＿＿＿＿＿＿＿＿＿＿＿＿＿＿＿＿＿＿＿＿＿＿＿＿

造句：＿＿＿＿＿＿＿＿＿＿＿＿＿＿＿＿＿＿＿＿＿＿＿＿＿＿＿＿＿＿＿

（2）楷模

词义：＿＿＿＿＿＿＿＿＿＿＿＿＿＿＿＿＿＿＿＿＿＿＿＿＿＿＿＿＿＿＿

造句：＿＿＿＿＿＿＿＿＿＿＿＿＿＿＿＿＿＿＿＿＿＿＿＿＿＿＿＿＿＿＿

13. 海尔与其他优秀企业有什么共同的地方？

14. 海尔成功的秘诀是什么？为什么很多人想学海尔，却没有能够学到？

15. 为什么说"人有三商：情商、智商和韧商，而韧商最难获得"。结合自己的生活和学习实际，谈谈看法。

（三）

16. 你已在学校安排的岗位进行实习，马上要面临毕业就业的问题，为争取更多的就业机会，请结合专业学习、技能水平以及个人特长等，为自己提前写份求职信。

*十四　跨越百年的美丽

一、基础知识应用

1. 下列加点字，注音全部正确的一项是（　　）

A. 侵蚀（shǐ）　　　驾驭（nǔ）　　　人声鼎（dǐng）沸

B. 渗（cān）透　　　永葆（bǎo）　　　烟熏火燎（liào）

C. 迄（qì）今　　　执着（zhù）　　　永难拂（fó）去

D. 妩（wǔ）媚　　　积攒（zǎn）　　　一袭（xí）长裙

2. 下列词语中，书写全部正确的一项是（　　）

A. 坚毅　　超群绝仑　　浅尝辄止

B. 凛然　　悬梁刺骨　　顾影自怜

C. 钦羡　　　心无旁骛　　　　奈得苦寒

D. 礼赞　　　卧薪尝胆　　　　惊天动地

3. 依次填入下列句子横线处的词语，正确的一项是（　　　）

他们在院子里支起了一口大锅，一锅一锅地进行冶炼。然后再送到化验室_____、_____、_____。

A. 溶解　　沉淀　　分析　　　　　B. 搅拌　　分析　　溶解

C. 分析　　溶解　　搅拌　　　　　D. 沉淀　　溶解　　分析

4. 下列句中加点的熟语，不能用括号里的成语替换的一项是（　　　）

A. 学外语要细水长流，如果像这样三天打鱼，两天晒网，那肯定是学不好的。（一曝十寒）

B. 我不喜欢这样做，也做不好，你凭什么牛不喝水强按头？（强人所难）

C. 100年前的1898年12月26日，法国科学院人声鼎沸，一位年轻漂亮、神色庄重又略显疲倦的妇人走上讲台，全场立即肃然无声。（人头攒动）

D. "台独"分裂势力不顾全中国人民和国际社会的强烈反对，在台湾搞所谓的"公投"，其结果只能是搬起石头砸自己的脚。（自取其咎）

5. 下列句子中，没有语病的一句是（　　　）

A. 她每个月的工作量都要超过预定计划的45%以上。

B. 经过老主任再三解释，才使他怒气逐渐平息。

C. 今年我省高校招收的学生，是自恢复高考制度以来最多的一年。

D. 居里夫人就是这样一位挺立在智慧高地的伟人。

6. 下列语句的作者，标注不正确的一项是（　　　）

A. 在所有的世界著名人物中，玛丽·居里是唯一没有被盛名宠坏的人。——爱迪生

B. 在选择职业时，我们应该遵循的主要指针是人类的幸福和我们自身的完美。——马克思

C. 女人并无社会等级，也无种族差异；她们的姿色、风度和妩媚就是她们身世和门庭的标志。——莫泊桑

D. 春江潮水连海平，海上明月共潮生。——张若虚

二、阅读与表达能力训练

阅读下面两段文字，完成 7—16 题。

（一）

① 1998 年是居里夫妇发现放射性元素镭 100 周年。

② 100 年前的 1898 年 12 月 26 日，法国科学院人声鼎沸，一位年轻漂亮、神色庄重又略显疲倦的妇人走上讲台，全场立即肃然无声。她叫玛丽·居里，她今天要和她的丈夫皮埃尔·居里一起在这里宣布一项惊人发现，他们发现了天然放射性元素镭。本来这场报告，她想让丈夫来作，但皮埃尔·居里坚持让她来讲，因为在此之前还没有一个女子登上过法国科学院的讲台。玛丽·居里穿着一袭黑色长裙，白净端庄的脸庞显出坚定又略带淡泊的神情，而那双微微内陷的大眼睛，则让你觉得能看透一切，看透未来。她的报告使全场震惊，物理学进入了一个新时代，而她那美丽而庄重的形象也就从此定格在历史上，定格在每个人的心里。

············

③ 千百年来，漂亮就是一个女人的最高荣誉、最大资本，只要有幸得到这一点，其余便不必再求了。……居里夫人是属于那一类很漂亮的女子，她的肖像如今挂遍世界各国的科研教学机构，我们仍可看到她昔日的风采。但她偏偏没有利用这一点资本，她的战胜自我也恰恰就是从这一点开始的。……她以 25 岁的妙龄，面对追求者如潮而不心动。……她有大志，有大求。她知道只有发现、创造之花才有永开不败的美丽。所以她甘愿让酸碱啃蚀她柔美的双手，让呛人的烟气吹皱她秀美的额头。

············

④ 居里夫人的美名从她发现镭那一刻起就流传于世，迄今已经百年。……她一生共得了 10 项奖金、16 种奖章、107 个名誉头衔，特别是两次诺贝尔奖。她本来可以躺在任何一项大奖或任何一个荣誉上尽情地享受，但是她视名利如粪土，她将奖金赠给科研事业和战争中的法国，而将那些奖章送给 6 岁的小女儿去当玩具。上天给的美形她都不为所累，尘世给的美誉她又怎肯背负在身呢？凭谁论短长，漫将浮名换了精修细研。她一如既往，埋头工作到 67 岁离开人世，离开了她

心爱的实验室。直到她死后40年，她用过的笔记本里，还有射线在不停地释放。爱因斯坦说："在所有的世界著名人物中，玛丽·居里是唯一没有被盛名宠坏的人。"她实事求是，超形脱俗，知道自己的目标，更知道自己的价值。……她让我们明白，人有多重价值，是需要多层开发的。有的人止于形，以售其貌；有的人止于勇，而逞其力；有的人止于心，只用其技；有的人达于理，而用其智。……大音希声，大道无形。大智之人，不耽于形，不逐于力，不恃于技。他们淡淡地生活，静静地思考，执着地进取，直进到智慧高地，自由地驾驭规律，而永葆一种理性的美丽。

⑤ 居里夫人就是这样一位挺立在智慧高地的伟人。

7. 用一句话概括第①②自然段的内容。

8. "跨越百年的美丽"这一标题的内涵是什么？

9. 第④自然段中说"人有多重价值"，这"多重价值"具体指哪些？居里夫人追求的是哪一种价值？

10. 文章最后说，"居里夫人就是这样一位挺立在智慧高地的伟人"，根据文意回答，达到这种境界的原因是什么？

11. 下列对选段内容的理解，不正确的一项是（　　　）

A. 放射性元素镭的发现，在物理学上具有划时代的重大意义。

B. 在一些人看来，漂亮是一个女人的最高荣誉、最大资本，但是居里夫人没有利用这一点资本。

C. 爱因斯坦盛赞居里夫人的成就高于世界上所有的著名人物。

D. 居里夫人的美丽，是容貌美与理性美的完美结合。

（二）

① 1965 年，一位韩国学生到剑桥大学主修心理学。他常到学校的咖啡厅或茶座听一些成功人士聊天。他们当中有诺贝尔奖获得者、某一领域的学术权威和一些创造了经济神话的人。这些人幽默风趣、举重若轻，把自己的成功都看得非常自然和顺理成章。时间长了，他发现，在国内时，他被一些成功人士欺骗了。A 那些人为了让正在创业的人知难而退，普遍把自己的创业艰辛夸大了，他们正在用自己的成功经历吓唬那些还没有取得成功的人。

② 于是，他就对韩国成功人士的心态加以研究。他把《成功并不像你想象的那么难》作为毕业论文，提交给现代经济心理学的创始人威尔·布雷登教授。教授大为惊喜，认为这是一个新发现，这种现象虽然普遍存在，但此前还没有一个人大胆地提出来并加以研究。

③ 后来这本书伴随着韩国的经济起飞而流传开来，鼓舞了许多人。它从一个新的角度告诉人们，成功与"劳其筋骨，饿其体肤""三更灯火五更鸡""头悬梁，锥刺股"等没有必然的联系，只要你对某一事业感兴趣，长久地坚持下去就会成功，因为上天赋予你的时间和智慧够你圆满做完一件事情。后来，这位青年也获得了成功，他成了韩国泛亚汽车公司的总裁。

④ 我没有读过这本在韩国曾引起轰动的书，但凭我的人生经历，我已经感知到了它要说的一些道理：B 人生中的许多事，只要想做，都能做到；该克服的困难，也都能自己克服，用不着什么钢铁般的意志，更用不着什么技巧或谋略。只要一个人还在朴实而饶有兴趣地生活着，他终究会发现，上天对世事的安排，都是水到渠成的。

（选自《文苑》2010 年第 8 期，作者：刘燕敏）

12. 画线句 A 反映了一些"韩国成功人士" _____的心态。

13. 第③自然段中引用的"劳其筋骨，饿其体肤"，选自＿＿＿＿＿＿＿（作者）的文章，完整的句子是：天将降大任于斯人也，必先＿＿＿＿＿＿＿＿＿＿＿＿，劳其筋骨，饿其体肤，＿＿＿＿＿＿＿＿＿，＿＿＿＿＿＿＿＿＿＿＿＿。

14. 文中画线句 B 是真的说什么事都用不着"钢铁般的意志"，用不着"技巧或谋略"吗？为什么？

15. 作者对成功问题的观点是什么？文章主要采用什么方法阐明道理？

16. 文中告诉我们：从一个新的角度思考，就可以引出新的观点。请以"名师出高徒"为例，变换角度提炼一个新观点。

（三）

17. 假设你在银行担任前台接待工作。今天的顾客很多，取号排队的人已超过了 100 人。由于等待的时间过长，有很多顾客开始表达自己的不满。作为前台接待，请你代表银行向顾客解释并致歉。

（一）

阅读指导

也许你曾经幻想当一名医生救死扶伤，也许你的理想是成为画家用色彩描绘生活，也许你更想穿上军装保卫祖国。然而人生并不事事如你所愿，很多时候，我们并不能按照自己的意愿选择职业。

不可否认，从事自己喜爱的工作是一种幸运。然而，人生就是挑战，需要你随时听从它的召唤，鼓起勇气投入到一个你并不一定熟悉的领域。有时，它就像一面镜子，折射出你对生活的态度。

干一行，爱一行。既然你走上了这条路，那么，就运用你的智慧，挖掘你的潜能，快乐地前行吧！只要你虔诚、认真地去做，在职场中敬业乐业，就有可能步入成功的殿堂。

追赶火车的孩子

童树梅

关山曾经做过无数美丽的梦：乘着火车走出大山，寻找课本中描绘的城市。可是初中一毕业，家里就没钱再供他继续上学了——读高中上大学就必须走出大山，那要多少钱呀！关山和妈妈光听听就头晕了。

就这样，16岁的关山像好多半大的孩子一样，背上装满矿泉水和方便食品的背篓，到离村子不远的那个火车站去，向过往列车上的旅客兜售。

火车到那里总会停留三四分钟，但不等关山他们多吆喝几声就又要开走了，于是经常出现这样的情况：乘客给了钱，却来不及拿到东西；或者孩子们给了东西，却没来得及拿到钱。这些孩子就会奋力追赶速度还没提上来的火车，然后用汗津津的手接过钱，或是把东西奋力塞进车窗。就这样，他们成了追赶火车的孩子。

当关山第一次背上沉重的背篓去兜售东西时，妈妈望着精瘦的儿子，泪水抹了又抹，说："关山，咱人穷志不穷，千万别做那亏心事。听说有人收了乘客的钱，故意迟迟不给东西，或是给了东西故意慢吞吞地找钱，等到火车开动了人家就没办法了。咱们可不能这样！"

可是，关山那天还是做了件"亏心事"。他顶着毒日头，背着从商店里批发来的一背篓的冰镇矿泉水，扑向列车窗口，给乘客递货、收钱、找钱，忙得像跳舞一样。他没注意到火车开始慢慢开动，仍给人送上去一瓶水，收了 10 块钱，还有 8 块钱没来得及找，火车就一下子提速了。那乘客大叫起来，催他找钱。关山也急了，手里抓着钱追赶火车，却只能眼睁睁地看着火车"轰隆隆"地开走了。

关山这天赚了 30 多块钱，却一点神气劲儿也没有。细心的妈妈觉察到了，三问两问就问清了根由。关山说没法子退钱，谁知那乘客是哪里的呢！妈妈只责怪了儿子一句："谁让你跑得太慢呢？"

这句话还真提醒了关山：是啊，要是自己跑得够快，不就能追上火车了吗！

关山曾是学校里跑得最快的学生，同学们都叫他"风之子"。为了追赶火车，他又开始练习跑步了。每天早上，在疏落的晨星里，在浓浓的白雾中，关山瘦长的身影像一阵风刮了起来，惊飞还在酣睡的小鸟，甚至把窝里的野兔也吓得逃出了窝，与他来了个亡命赛跑。

关山一天天地跑，跑得越来越快。风吹日晒，一身肉晒得像涂了油似的亮，那腿更像两条铁棍一样结实。他不止一次撵上了狂奔的野兔，可是能撵得上火车吗？

这天，天气热得让狗直伸舌头，铁道上更是热浪滚滚。大伙儿背着小山一样的背篓不停地擦汗，心里却充满了期待：天越热，冰镇矿泉水越是好卖啊！

这时，一列火车驶过来了，"呼哧呼哧"地停在站台边。关山和伙伴们抢着奔向窗口，闷热难当的乘客们也争着把头伸出窗外，大家都抓紧短暂的时间交易。

关山顾不上满头大汗，埋头递东西收钱。刚结束一笔生意，又有个面孔黝黑、两鬓微白的乘客朝他大喊："快，来 10 瓶水！"关山抓起 10 瓶水递进窗口，那人给了他一张百元大钞。关山平时最怕的就是这种大钞，找钱太费时间了。可这是笔大生意，10 瓶水整整 20 块啊！就在他快速数钱的时候，火车慢慢开动了。

该找的 80 块钱正要递过去，火车的速度一下提上来了，一眨眼工夫就把关山甩下好远。买水的乘客从窗口伸出头大叫："小孩，快找钱！"

关山迈开两条长腿追上去，他越跑越快，耳边满是风声。就在关山一点一点快要追上时，一声汽笛响起，火车的速度又加快了。一旦火车提升到限定的最大时速，除非长出一双翅膀，要不别指望能追上！关山双臂一甩，将背篓甩脱，方便面、糯米粽、茶叶蛋、矿泉水，花花绿绿地掉了一地，可关山顾不上这些，铆足劲飞也似的向前冲去，他心中只有一个念头：火车，一定要追上火车！

乘客们都吃惊地看着关山，他们万万想不到竟然会有人追赶火车。那个买水的乘客更是想大叫，要这个倔强的山里孩子不要追了，铁轨旁全是大大小小的石块，万一跌倒了可不得了。可是，他没能喊出声，他被关山奔跑的动作迷住了。

列车在飞奔，关山也在飞奔！只见他用力地埋下头，剧烈地摆动着双臂，晶莹的汗珠挥洒如雨，修长而结实的双腿，简直就像梅花鹿的腿一样矫健有力。

关山越来越近了，乘客们一个个惊叹不已，既为关山的速度吃惊，更为这孩子的执着而感动。大家情不自禁地鼓起掌来，一起大喊："加油！加油！"那个买水的乘客喊得格外起劲。就在火车的速度提升到顶点的一瞬间，关山终于追到了那个窗口，手一扬，那团已被汗水浸透的80元钱准确无误地塞进了车窗……

傍晚时分，关山再次在火车站兜售东西时，忽然被人拍了拍肩膀。他回头一看，这不正是中午买他10瓶水的那位乘客吗？

那人满眼含笑，自我介绍说，他是省城田径队的教练，这次他跑了10多个县市，为的就是寻找优秀运动员的苗子。现在，他终于找到了——关山不仅是很有潜力的好苗子，还有一颗金子般的心。

关山的命运改变了，他来到了省城，两年之后又进了国家队。

不久，蓄势待发的关山在田径场的跑道上刮起了一股黑色旋风，取得了人生中第一个大赛冠军，并得到了丰厚的奖金。又不久，关山风雨兼程地赶回到生他养他的大山里。

在关山的倡议下，有关部门决定在火车站对面的山下建一所学校。关山把那笔奖金一分不留地捐赠出来，并表示要一直捐赠下去。在奠基仪式上，记者们纷纷采访关山，问他为什么决定要在这儿建一所学校。

这时，恰好有一列火车进站，依旧有不少半大的孩子背着沉重的背篓，像他当年一样奔向各个窗口。那窗口是他们唯一的世界，唯一的希望。

关山一下子像回到了从前，眼角不禁濡湿了："我是个冠军，可是我不希望再通过这样的方式产生冠军。我不要我的弟弟妹妹们再做追赶火车的人，而是坐上火车，到远方寻找梦想！"

（选自《格言》2008 年第 3 期）

想一想

人生就是不断地蓄势再发，人生就是不断地奔跑。从"蓄"到"跑"的过程中，我们做好了怎样的准备？试以文中关山为例，说说关山是怎样从一个"追赶火车的孩子"，成为一个田径跑道上的冠军的。

（二）

不需注释的生命（节选）

祝 勇

① 曾经觉得，注释是那般重要。记得有一次，一位年轻的朋友在编辑一本著名汉学家有关中国文化的专著时，将书后十几万字的注释全部删去，令我那么地心疼。我对他说，作者在那些注释里面凝结的心血，并不比行文中的少啊。没有了注释，书将不再完美。

② 红尘素居，碌碌诸事中，有的时候，我们是那么需要一些注释，不论是注释自己，还是注释周围的人，注释整个世界。孩提时我们总是缠着妈妈问十万个为什么，就是在寻求着世界的注解。而当妈妈坐在我们的睡榻旁，安详地为我们一一作答时，我们才能心满意足地，带着一丝微笑睡去。

③ 诗人以"离人心上秋"来注释"愁"，以"黄鸡紫蟹堪携酒，红树青山好放船"来注释"乐"，以"秋风吹不尽，总是玉关情"来注释"思"，以"一叫千回首，天高不为闻"来注释"痛"，而我们在一个春天芳香的夜晚开始伏案写下的日记，亦是对自己生命的注释啊！

④ 我们已经习惯于给自己的生命一个注释。我们汲取知识，是因为我们需要聪慧的大脑；我们锻炼身体，是因为世界等着我们去创造；我们种花侍草，是因为它们的枝脉可以染绿我们的心灵；我们夜夜做梦，是因为我们瑰丽的幻想在夜晚也要接力奔跑……

⑤ 而每当做错一件事情，我们又总是百般地想给对方一个解释，通过对自己

行为的注解，来取得一点点的谅解，以及内心的安宁。

⑥ 可是啊，我亲爱的朋友，有的时候，我们是不需要注释的，不论是我们的思想，还是我们的行为。沉默中，心有灵犀的人自能心领神会，而心律不同者即便你费尽口舌他仍会浑然不知。

⑦ 古人讲求"不立文字""以心传心"，而在我们的现实生活中，不需彼此注释而"心有灵犀一点通"，该是一个多么动人的境界啊！

⑧ 俞伯牙摔琴谢知音，没必要诠释自己；管宁割席与友断交，亦无须多言一句。最钦佩古时话本里那些特立独行、从不多言的侠客。大漠孤烟，月黑风高，他们或杀身取义，或拔刀助友，绝不多说一句，从来不为自己的所作所为加上一段长长的注解。待血迹擦干，宝剑入鞘，是朋友，自会相视一笑。好汉武松本可不上景阳冈的，可他偏向虎山行；刺配二千里外的孟州，一路上本来有机会逃跑，可他宁肯将松下的木枷重新戴上，把封皮贴上，一步步自投孟州而来。不解者，百思不解；知其心者，自会竖起拇指，由衷地叫一声"好"！

⑨ 言传是必要的，可意会却是更高的境界。当我们温柔相对，让我们什么都别说，因为一切的解释，一切的评说，都有可能使我们之间的那汪意境褪色……

（选自《中华散文精粹》，作家出版社 2006 年版，有改动）

1. 文章开头说："曾经觉得，注释是那般重要。"那么，作者从哪些方面表明生命需要注释？

2. 联系文章题目，说说作者第③自然段引用诗句的用意是什么？

3. 文章列举了俞伯牙、管宁、武松等人的例子，是为了说明什么道理？请简要概括。

4. 对作者"生命不需注释"的观点，你如何看？请写一段话，谈谈同意或不同意的理由。

5. 仿照例句，用下面的句式写一个句意完整的句子。

例句：我们汲取知识，是因为我们需要聪慧的大脑；我们锻炼身体，是因为世界等着我们去创造；我们种花侍草，是因为它们的枝脉可以染绿我们的心灵；我们夜夜做梦，是因为我们瑰丽的幻想在夜晚也要接力奔跑……

句式：我们……，是因为……；我们……，是因为……；我们……，是因为……；我们……，是因为……

造句：_____

_____

_____

第六单元

关爱与和谐

十六 再塑生命的人

一、基础知识应用

1. 结合课文内容，解释下列词语及加点字的含义。

（1）苗壮生长：

（2）油然而生：

（3）不可名状：

（4）落英缤纷：

（5）冥思遐想：

（6）恍然大悟：

2. 按要求回答问题。

（1）"截然不同"表示两者不相同、区别很大的意思。你还能说出几个表示此类含义的成语吗？请写在下面的横线上。

_____

_____

（2）"花团锦簇"是形容色彩斑斓的意思，你还能说出几个形容色彩丰富的词语吗？请写在下面的横线上。

_____

_____

3. 依次填入下列句子横线处的词语，最恰当的一项是（　　）

（1）我似乎能_____得到，她就是那个来对我_____世间的真理、给我深切的爱的人。

（2）当我最后能正确地拼写这个词时，我_____极了，_____得脸都涨红了。

    A. 感觉   暗示   自豪   骄傲

    B. 体会   启示   兴奋   高兴

    C. 感觉   启示   自豪   高兴

    D. 体会   昭示   兴奋   骄傲

4. 下列句中加点的成语，使用恰当的一项是（   ）

    A. 青少年要有不迷信权威的意识，只要是正确的就要敢于坚持，就要强词夺理。

    B. 寂静的夜色中，白天喧闹的城市此时已经入睡，万人空巷。

    C. 如果掌握科学的学习方法，就会收到事半功倍的学习效果。

    D. 学习中有不懂的地方，要及时向他人请教，做到不耻下问。

5. 按照文意，以下几句话顺序排列正确的一项是（   ）

（1）没有爱，你就不快活，也不想玩了。

（2）你摸不到云彩，但你能感觉到雨水。

（3）爱有点像太阳没出来以前天空中的云彩。

（4）你也知道，在经过一天酷热日晒之后，要是花和大地能得到雨水会是多么高兴呀！

（5）爱也是摸不着的，但你却能感到她带来的甜蜜。

    A. （3）（2）（4）（5）（1）

    B. （3）（2）（4）（1）（5）

    C. （1）（5）（3）（2）（4）

    D. （1）（3）（2）（4）（5）

6. 仿照例句中使用的修辞手法，写两个句式一致、修辞手法相同的句子。

例句：爱是冬日里的一束阳光，爱是漫漫长夜里的一豆灯光。

句式：爱是……，爱是……

造句（1）：_____

造句（2）：_____

二、阅读与表达能力训练

阅读下面两段文字，完成 7—15 题。

（一）

这天上午，我和莎莉文老师为"杯"和"水"这两个词发生了争执。她想让我懂得"杯"是"杯"，"水"是"水"，而我却把两者混为一谈，"杯"也是"水"，"水"也是"杯"。她没有办法，只好暂时丢开这个问题，重新练习布娃娃"DOLL"这个词。我实在有些不耐烦了，抓起新洋娃娃就往地上摔，把它摔碎了，心中觉得特别痛快。发这种脾气，我既不惭愧，也不悔恨，我对洋娃娃并没有爱。在我的那个寂静而又黑暗的世界里，根本就不会有温柔和同情。莎莉文小姐把可怜的洋娃娃的碎布扫到炉子边，然后把我的帽子递给我，我知道又可以到外面暖和的阳光里去了。

我们沿着小路散步到井房，房顶上盛开的金银花芬芳扑鼻。莎莉文老师把我的一只手放在喷水口下，一股清凉的水在我手上流过。她在我的另一只手上拼写"WATER"——"水"字，起先写得很慢，第二遍就写得快一些。我静静地站着，注意她手指的动作。突然间，我恍然大悟，有股神奇的感觉在我脑中激荡，我一下子理解了语言文字的奥秘了，知道了"水"这个词就是正在我手上流过的这种清凉而奇妙的东西。

水唤醒了我的灵魂，并给予我光明、希望、快乐和自由。

井房的经历使我求知的欲望油然而生。啊！原来宇宙万物都各有名称，每个名称都能启发我新的思想。我开始以充满新奇的眼光看待每一样东西。回到屋里，碰到的东西似乎都有了生命。我想起了那个被我摔碎的洋娃娃，摸索着来到炉子跟前，捡起碎片，想把它们拼凑起来，但怎么也拼不好。<u>想起刚才的所作所为，我悔恨莫及，两眼嚐满了泪水，这是生平第一次。</u>

7. 你认为"我"不能理解"水"的原因是什么？

8. 通过阅读这段文字，你认为莎莉文老师的教育艺术高明在何处？

9. 文中画线的句子照应了前面的哪句话？请写在下面的横线上。

_____

10. 画线的句子中的"这"是指什么？请具体说明。

11. 选文中的"水唤醒了我的灵魂，并给予我光明、希望、快乐和自由"一句有什么深刻含义？

（二）

亡人逸事（节选）

孙　犁

……我唯唯，但一直拖延着没有写。这是因为，虽然我们结婚很早，但正像古人常说的：相聚之日少，分离之日多；欢乐之时少，相对愁叹之时多耳。我们的青春，在战争年代中抛掷了。以后，家庭及我，又多遭变故，直到最后她的死亡。我衰年多病，实在不愿再去回顾这些。但目前也出现一些异象：过去，青春两地，一别数年，求一梦而不可得。今老年孤处，四壁生寒，却几乎每晚梦见她，想摆脱也做不到。按照迷信的说法，这可能是地下相会之期，已经不远了。因此，选择一些不太使人感伤的断片，记述如上。已散见于其他文字中者，不再重复。就是这样的文字，我也写不下去了。

我们结婚四十年，我有许多事情，对不起她，可以说她没有一件事情是对不起我的。在夫妻的情分上，我做得很差。正因为如此，她对我们之间的恩爱，记忆很深。我在北平当小职员时，曾经买过两丈花布，直接寄至她家。临终之前，她还向我提起这一件小事，问道：

"你那时为什么把布寄到我娘家去啊？"

我说：

"为的是叫你做衣服方便呀！"

她闭上眼睛，久病的脸上，展现了一丝幸福的笑容。

（选自《孙犁全集》第 6 卷，人民文学出版社 2004 年版）

12. "我唯唯""但一直拖延着没有写"的原因是什么？为什么又要写妻子呢？

13. 如何理解"就是这样的文字，我也写不下去了"？

14. 文中画线部分的语句表达了怎样的情感？

15. 文中"她闭上眼睛，久病的脸上，展现了一丝幸福的笑容"有什么作用？

（三）

16. 市第一医院现面向社会公开招聘 20 名护士，具体要求如下。

学历与专业：学历中专以上，护理专业毕业；

年龄：不超过 35 周岁，男女不限；

工作经验：有工作经验者优先考虑。

作为护理专业的毕业生，你想把握住这个机会，应聘到这家医院，请为自己写一封应聘书。

*十七 让她穿护士服走吧

一、基础知识应用

1. 下列加点字的注音，完全正确的一组是（　　）

A. 急剧（jù）　　赘（zuì）语　　感激涕（tì）零　　呕心沥（lì）血

B. 瞬（shùn）间　　悉（xī）心　　殚（dān）精竭虑　　因公殉（xùn）职

C. 风靡（mí）　　余烬（jìn）　　欲壑（huò）难填　　心急如焚（fén）

D. 轻喟（wèi）　　衰（shuāi）竭　　颤（chàn）颤巍巍　　言简意赅（gāi）

2. 下列词语中，有错别字的一组是（　　）

A. 粤闽　颠簸　牵肠挂肚　　B. 怠漫　熏陶　名列前矛

C. 疲倦　叮嘱　触目惊心　　D. 严苛　魂魄　久经沙场

3. 下列语句中的标点符号，使用有误的一项是（　　）

A. "我们要给他们生活的力量、爱的力量。"这也是她常对科里护士说的。她的护理被称为"温情护理"。

B. 病人全家感激涕零，在那边远的山区，谁见过这样的护士长？全村人都出来送她，这倒把她感动得哭了。

C. 是谁，要求她如此地倾注于护理工作？

D. "快速、及时、有效"，是对急诊科工作的"硬要求。"如对"有效"的要求：要是在其他科室，某种治疗方式如果无效，可考虑换一种方式，但在急诊科则没有时间"换一种"。

4. 对下列句子的排序，顺序恰当的一项是（　　）

（1）他是2月24日晚被抢救过来的一位肠梗阻合并非典的患者。

（2）同一天，ICU有一位非典患者康复出院。

（3）因为大家相信，如果护士长此刻有知，一定不会让他知道，以免他心理有负担。

（4）当他询问起护士长去哪里了（想向护士长道谢）的时候，没有一个护士告诉他，护士长正是因为抢救他而被感染的，此刻正在ICU抢救，生命垂危。

A.（2）（1）（4）（3）

B.（4）（2）（1）（3）

C.（4）（1）（3）（2）

D.（2）（3）（4）（1）

5. 对"这里危险，让我来吧！"理解最准确的一项是（　　）

A. 因为叶欣是护士长，必须要带头承担风险，哪怕自己不愿意。

B. 说明叶欣的应急能力是所有人中最强的，越是危险的事越能体现她的水平。

C. 护士长叶欣果断地把危险留给自己，把安全让给他人，体现了她舍己为人的崇高精神，表现了她人性中的高贵和心中那份大爱。

D. 叶欣作为护士长，专业能力比较强，面对危险，她的经验最丰富，理当身先士卒。

6. "学语文的目的在于应用"。四川芦山地区地震的消息传来，全国人民都很悲痛。面对灾情，学校响应政府号召行动起来了，你也积极参与其中。

（1）请写出两个充分体现中华民族血肉情深优良传统的成语。

（2）面对灾情，你班同学踊跃捐款，共捐 1 350 元，请你以大写方式填入汇款单的汇款栏。人民币（大写）：

二、阅读与表达能力训练

阅读课文，完成 7—11 题。

7. 仔细阅读作者在文中使用的材料，说说作者组织材料的特点和好处。

8. 课文在刻画人物的过程中，不时插入一些议论。以课文中的任意一处议论为例，说说这些议论的好处。

9. 作者描写叶欣为什么要选取她叮嘱同事、给同事留言等细节材料？

10. "让她穿护士服走吧，这是她最喜欢的服装。"你认为这句话包含哪些含义？

11. 作者在文中表达了怎样的情感？请找出相关语句进行分析。

（一）

阅读指导

只要心中有太阳，世界处处有温暖；只要眼睛有光辉，任是黑暗也光明。只要你点燃自己的心烛，全身心地热爱生活，你就会发现美好的感觉来自生活的点点滴滴。

寄贺年卡的人

李致祥

新年将至，他却没有快乐。也就在这时，他收到了一张贺年卡。这令他意外。

妻子去世一个月来，他始终无法从痛苦中挣脱。他冷漠地对待这个世界，消极地生活。人们劝他振作，他却冷冷丢给人家一句："我心已死！"人走屋空后，他孤寂地坐着，一口一口地喝烈性酒。

他不知道，在他日日冷漠对待的这个世界上，有谁还会给他寄贺年卡。

贺年卡的封面图案很简单，洁白的纸上画着一片绿色的叶子，叶子上方印着五个字："默默的祝福。"打开贺年卡，他却没找到寄卡人的姓名，只在像封面一样洁白的纸上，用钢笔写着几个字——"别去猜我是谁，也不必去寻找。只要你知道，这世界上有人在默默地祝福你。生活依然美好，依然充满热情，依然充满爱。新年与你同在！"

这几行字，他看了一遍又一遍。心中悄悄潜入一丝暖意。是谁送来的这温暖呢？他极力去辨认那钢笔字，但这隐去姓名的祝福者显然是要真正隐去他自己。字，一笔一画，横平竖直，是标准的仿宋体，根本看不出一点儿个人风格。谁呢？我一定要找出来。

第二天上班，他仔细观察他的同事。他冲他们微笑点头。妻子去世以来，这是他第一次露出微笑。同事们也分别向他回报以微笑。微笑充满了温馨。他分辨不出，他觉得每个人都像那位祝福者。

在美好的微笑与轻声的祝福中，他感到生活真的充满了爱。有什么东西在他心底悄悄融化。他冰封已久的情感被解冻了。他的心尚未死。

"别去猜我是谁，也不必去寻找。"他想起了这句话，他知道他是找不到那人的。他郑重地从信封中抽出贺年卡，珍惜地抚摸着。突然，他看到信封上的邮戳：贺年卡是挂号寄来的，为什么不去问问邮局呢？他来到邮局。

邮局的人说："噢，这个办挂号邮贺年卡的人我们记得非常清楚，两个月前，来了一个女人，很瘦，因为病态，她的嘴唇几乎没有血色。她说她得了绝症，将不久于人世了。她请求我们代她在年前寄出这张贺年卡……我们知道她已经死了，因为，她临走前说，如果她能将生命熬到年底，她将亲自寄这张贺年卡。"

听完这些，他已知道了这寄贺年卡的人。他深深地，不知是向这告诉他谜底的人，还是向那已长眠的妻子鞠了一躬。

（选自《新世纪文学选刊》2005 年第 7 期）

想一想

"他"冰封的感情得以解冻，原本已经死寂的心灵重新燃起生命的热火，全在于寄寓着他妻子的良苦用心的小小的贺卡。爱具有无穷的力量。"微笑充满了温馨。他分辨不出，他觉得每个人都像那位祝福者。"你觉得这句话是什么意思？

（二）

上一碗米饭的时间

肖复兴

① 入冬后北京最冷的那天晚上，我在一家小饭馆里。家里的人都出了远门，没有饭辙，要不我是不会在这么冷的天跑出来到这里吃晚饭。正是饭点儿，小饭馆里顾客盈门，只剩下靠门口的一张桌子空着，虽然只要一开门，冷风就会乘机呼呼而入，别无选择，我只好坐在了那儿。

② 服务员是位模样儿俊俏的小个子姑娘，拿着个小本子，笑吟吟地站在我的面前，一口外地口音问我："您吃点儿什么？"我要了三两茴香馅的饺子和一盆西红柿牛腩锅仔。很快，饺子和锅仔都上了来，热气腾腾的扑面撩人，呼啸寒风，便都挡在了窗外。

③ 埋头吃得热乎乎的，忽然觉得有一股冷风吹来，抬头一看，一位老头

已经走到我的桌前，也是别无选择地坐了下来。他在我的对面坐下来之后，大概看见我正在望着他，老头冲我笑了笑，那笑有些僵硬，不大自然。也许，是为自己一身油渍麻花的破棉袄感到有些羞涩，和这一饭馆衣着光鲜的红男绿女对应得不大谐调。我看不出他有多大年纪，或许还没有我大，只是胡子拉碴的显得有些苍老。我猜想他可能是位农民工，或者刚刚来到北京找活儿的外乡人。

④ 他坐在那里，半天也没见服务员过来，便没话找话地和我搭话，指指饺子，问我饺子怎么卖？我告诉他一两3块钱。他立刻应了声："这么贵！"这时候，那个小个子姑娘拿着小本子走了过来，走到老头的身边，问道："你吃什么？"老头望了望她，多少有点儿犹豫，最后说："我要一碗米饭。"姑娘弯下头在小本子上记下来，又抬起头问："还要什么？"老头说："就一碗米饭！"姑娘有些奇怪："不再要点儿什么菜？"老头这回毫不犹豫地说："一碗米饭就够了。"然后补充句，"要不麻烦你再给我倒碗开水！"姑娘不耐烦了，一转身冲我眉毛一挑，撇了撇嘴，风摆柳枝般走了。

⑤ 过了好长时间，也没见姑娘把一碗米饭端上来，更不要说那一碗开水了。我悄悄望了一眼对面的老头，看得出来，老头有些心急，也有些尴尬，又不知道如何是好，如坐针毡。如果有钱，谁会只要一碗白米饭呢？但如果不是真的饿了，谁又会进来忍受白眼和冷漠而只要一碗白米饭呢？

⑥ 我很想把盘子里的饺子让给老头先垫补一下，但把剩下小半盘的饺子给人家吃，总显得不那么礼貌，有些居高临下，就像电影《青春之歌》里的余永泽打发要饭的似的。那锅仔我还没有动，可以先让他喝几口，但一想饭还没吃，先让人家喝汤，恐怕也不合适，而且也容易被老头拒绝。

⑦ 因此，当姑娘又向这边走来的时候，我远远地冲她招招手，她走了过来。老头看见了她，张着嘴动了动，一定是想问她："我那一碗米饭呢？"为了避免尴尬，我先把话抢了过来，对她说："姑娘，你给我上碗米饭！"话音刚落，怕她同样嫌弃我也只要一碗米饭，便又加了句："再来三两饺子。"姑娘在小本子上记了下来，转身走了。我冲着她的背影喊了句："快点儿呀！"她头没有回，扬扬手中的小本说道："行哩！"

⑧ 老头望了望姑娘走去的背影，又望了望我，什么话也没有说，似乎是想看

看，同样一碗米饭，到底谁的先上来。一下子，让我忽然感觉偌大的饭馆里，主角仿佛只剩下了老头、姑娘和我三个人，三个人彼此的心思颠簸着、纠结着，一时无语却有着不少的潜台词。

⑨ 我望了望老头，也没有说话。我是想等这一碗米饭和三两饺子上来，一起给老头，谁家都有老人，谁都有老的时候，谁都有饿的时候，谁也都有钱紧的时候。

⑩ 老头垂下头，不再看我。我埋下头来，吃那小半盘的剩饺子，也不敢再望他，我不知道此刻他在想什么，但生怕我的目光总落在他的身上会让他觉得尴尬。有时候，只能让人感慨社会现实的冷漠，比窗外的寒风还要厉害；人与人之间的隔膜，如今是越来越深了，并不是一碗米饭几两饺子就能够化解的。

⑪ 很快，也就是那小半盘剩饺子快要吃完的工夫，只听姑娘一声喊："您的米饭和饺子来了。"便把一碗米饭和三两热腾腾的饺子端在我的桌子上，同时也把老头的那一碗米饭端在桌上。可是，抬头的时候，我和姑娘都发现，对面的老头已经不在了。

⑫ 其实，只是上一碗米饭的时间。

（选自《微型小说选刊》2012年第4期，有删改）

1. 老人从踏进这家饭馆到离开这家饭馆，内心经历了复杂的变化，试将变化过程补充完整。

内心感到不自然，进店时羞涩、_____、_____、被冷待后的难受、_____。

2. 联系具体语境，请说说第③自然段画线句中加点词语"破棉袄"的作用。

3. 第⑦自然段中，"我"为什么要再买一碗米饭外加三两饺子？

4. "我"在文中有什么作用?

5. "其实,只是上一碗米饭的时间"这句话在全文中有什么作用?

6. 阅读下面的文字,按要求作文。

家园,是童年的摇篮,是生命的摇篮,是人生的摇篮。我热爱我的家园。我的家园并不大,她方方圆圆装满我的心窝;我的家园并不远,她随时随地浮现在我的眼前;我的家园并不富,她吃喝无虑,温饱有加;我的家园并不酷,她有山有水,物华天宝,朴实无华。

家园在变新,家园在变大。人往往总是在想念家园、思念家园、怀念家园,因为家园是精神的寄托,是灵魂的归宿,是人生的归巢。

根据材料内容,以"家园"为话题,自定立意,自选文体,自拟标题,写一篇600字左右的文章。

综合自测题（A卷）

（满分 100 分，自测时间 90 分钟）

第 I 卷

（13 小题，前 12 小题每题 2 分，第 13 小题 6 分，共 30 分）

1. 下列加点字的读音，没有错误的一项是（　　）

A. 坍圮（qǐ）　　飒（sà）爽　　呼号（háo）　　蓦（mù）然

B. 百舸（gě）　　蹉（cuó）跎　　积攒（cuán）　　隽（jùn）永

C. 翌（lì）日　　崭（zhǎn）新　　溘（hé）然　　呼啸（xiào）

D. 迄（qì）今　　驾驭（yù）　　摈（bìn）弃　　褴褛（lǔ）

2. 下列词语中，书写完全正确的一项是（　　）

A. 历经仓桑　　竞相生长　　疾于求成

B. 纭纭众生　　自惭形秽　　鸠占雀巢

C. 浮想联翩　　至高无尚　　精神抖擞

D. 提心吊胆　　滚瓜烂熟　　美轮美奂

3. 下列词语中，加点字解释有错误的一项是（　　）

A. 炫耀（夸耀）　　超群绝伦（同类、同等）　　顾影自怜（回头看）

B. 肆意（任意、任凭）　　卓有成效（突出、显著）　　格物致知（求得）

C. 恪守（谨慎而恭敬）　　崇山峻岭（高）　　漠不关心（冷漠）

D. 啃啮（用牙咬）　　敷衍了事（了解）　　孜孜不倦（困倦）

4. 下列句子中，标点符号使用正确的一句是（　　）

A. "怎么回事？亲爱的。" 苏艾问道。

B. 她望着窗外，在计数——倒数起来。

C. 我想摆脱一切，像一片可怜的，倦了的藤叶悠悠地往下飘，往下飘。

D. "我真是一个坏姑娘，苏艾，"琼珊说："冥冥中似乎有什么使那片叶子不掉下来，启示了我过去是多么邪恶。"

5. 对下列句子所用修辞手法的判断，有错误的一项是（　　）

A. 在园中最为落寞的时间，一群雨燕便出来高歌，把天地都叫喊得苍凉。（拟人、夸张）

B. 在这种情况下，我们就是冒险把大厦建筑在残破废墟上，我们的一生也就变成一场精神原则和肉体原则之间的不幸的斗争。（比喻）

C. 问苍茫大地，谁主沉浮？（反问）

D. 一些模样落魄的旧字画到了他的手里，一经装裱，便神气崭新。（拟人）

6. 下列句子中，加点成语使用恰当的一句是（　　）

A. 父亲很早就死了，妈妈带着他们兄妹三个，相依为命，相濡以沫，什么苦都吃过了。

B. 在苏老师的众目睽睽之下，他的脸红了。

C. 漫画家笔下的那寥寥几笔，不管如何夸大，却把对象刻画得惟妙惟肖。

D. 有的山水画是从透明的壳里面画的，真是鬼斧神工，不知是如何下笔的。

7. 下列句子中，不属于描写的一句是（　　）

A. 我们沿着小路散步到井房，房顶上盛开的金银花芬芳扑鼻。

B. 1898 年 12 月 26 日，法国科学院人声鼎沸，一位年轻漂亮、神色庄重又略显疲倦的妇人走上讲台，全场立即肃然无声。

C. 一个烈日炎炎的下午，父亲被召进教师办公室，他被告知，因为无钱买课本的那一门功课的考试不及格。

D. 树干上留着一只蝉蜕，寂寞如一间空屋；露水在草叶上滚动、聚集，压弯了草叶，轰然坠地摔开万道金光。

8. 依次填入下面句子中横线处的关联词，正确的一项是（　　）

_____我们由于体质不适合我们的职业，不能持久地工作，_____很少能愉快地工作，_____，为了恪尽职守而牺牲自己的幸福的思想激励着我们不顾体弱去努力工作。

A. 尽管　　但是　　而且　　　　B. 尽管　　而且　　但是

C. 但是　　尽管　　而且　　　　D. 而且　　尽管　　但是

9. 依次填在横线处的关联词语，最准确的一项是（　　　）

冰心的身躯＿＿＿＿不强壮，＿＿＿＿年轻时＿＿＿＿少有飒爽英姿的模样，

＿＿＿＿她这一生却用自己当笔，拿岁月当稿纸，写下了一篇关于爱是一种力量的文章，然后在离去之后给我留下了一个伟大的背影。

A. 虽然　但是　也　可是　　　　　B. 即使　可是　却　但是

C. 不仅　而且　也　虽然　　　　　D. 并　即使　也　然而

10. 结合课文，根据语句内容，对句中人物判断错误的一项是（　　　）

A. 现在，儿子来续写新的世界铁路建设奇迹，也传承着父辈的胆魄和技能。——崔文华

B. 一些模样落魄的旧字画到了他的手里，一经装裱，便神气崭新。——常先生

C. 那两年半的训练，使我发现了中医药学的丰富宝藏，领悟了中国传统哲学有关人体和宇宙的精妙思想。——屠呦呦

D. 她很高兴地想吻我，可那时除了母亲外，我不愿意别人吻我。——"她"指莎莉文老师

11. 下列句子中，没有语病的一句是（　　　）

A. 一个偶然的机会，我不期而遇瞥见了鲁迅先生。

B. 在阅读文学名著的过程中，使我明白了许多做人的道理，感悟了人生的真谛。

C. 由于小红这样好的成绩，得到了老师和同学们的赞扬。

D. 他虽然没上过学，但是爱学习，现在已经能写文章了。

12. 以下对课文内容和写法分析错误的一项是（　　　）

A. 《我与地坛》一文是史铁生用生命抒写的一篇情、景、理交融的典范散文，打破了抒情、议论与叙事、写景的间隔，表达了作者对历史与现实的沉重思考。

B. 马克思在《青年在选择职业时的考虑》一文中，以优美的文笔、深刻的语言、缜密的思考和严格的推理，对职业与人生做了精辟的论述。

C. 《在马克思墓前的讲话》对马克思伟大的一生做了精要总结和高度评价，观点明确，逻辑严密，语言准确、简洁，又饱含浓烈的情感。

D. 小说《绝品》是以"绝品"为线索，串联起出让、收藏、赠送国宝的感

人场面，使人物、情节和环境形成一个有机的整体。

13. 文学常识填空（每空 1 分，共 6 分）

（1）《我与地坛》是一篇＿＿＿＿＿＿＿＿＿＿，作者是＿＿＿＿＿＿＿＿＿＿＿＿。

（2）《跨越百年的美丽》作者是当代作家＿＿＿＿＿＿。文中的主人公是著名的女科学家＿＿＿＿＿＿＿＿＿。

（3）"喜看稻菽千重浪"出自＿＿＿＿＿的诗＿＿＿＿＿＿＿＿。

第 Ⅱ 卷

（共 70 分）

阅读下面的文字，回答 14—28 题。（共 40 分）

（一）

这之后我又在医院采访了世纪老人冰心。我问先生，您现在最关心的是什么？老人的回答简单而感人：是年老病人的状况。

当时的冰心已接近自己人生的终点，而这位从五四运动爆发那一天开始走上文学创作之路的老人，心中对芸芸众生的关爱之情历经近 80 年的岁月而仍然未老。这又该是怎样的一种传统！

冰心的身躯并不强壮，即使年轻时也少有飒爽英姿的模样，然而她这一生却用自己当笔，拿岁月当稿纸，写下了一篇关于爱是一种力量的文章，然后在离去之后给我留下了一个伟大的背影。

今天我们纪念"五四"，80 年前那场运动中的呐喊、呼号、血泪都已变成一种文字停留在典籍中，每当我们这些后人翻阅的时候，历史都是平静地看着我们，这个时候，我们觉得 80 年前的事已经距今太久了。

然而，当你有机会和经过"五四"或受过"五四"影响的老人接触后，你就知道，历史和传统其实一直离我们很近。

世纪老人在陆续地离去，他们留下的爱国心和高深的学问却一直在我们心中不老。但在今天，我还想加上一条：这些世纪老人所独具的人格魅力是不是也该作为一种传统被我们向后延续？

14. "世纪老人在陆续地离去，他们留下的爱国心和高深的学问却一直在我们心中不老。"请解释此句中的两个"老"字的含义。（2分）

_____

15. 请将"这些世纪老人所独具的人格魅力是不是也该作为一种传统被我们向后延续？"改为陈述句。（2分）

16. 请用一句话概括选段中所讲的事例。（2分）

17. 作者认为我们应该继承的传统是什么？用选段中的语句回答。（2分）

18. 上面的文字选自课文《人格是最高的学位》，你认为是什么成就了冰心老人的最高学位？（2分）

（二）

① 好吧好吧，就算男人的脑壳不金贵了，可以由婆娘们随便来挠，但理发不用剃刀，像什么话呢？他振振有词地说，剃匠剃匠，关键是剃，是一把刀。剃匠们以前为什么都敬奉关帝爷？就因为关大将军的功夫也是在一把刀上，过五关，斩六将，杀颜良，诛文丑，于万军之阵取上将军头颅如探囊取物。要是剃匠手里没有这把刀，起码一条，光头就是刨不出来的，三十六种刀法也派不上用场。

② 我领教过他的微型青龙偃月。其一是"关公拖刀"：刀背在顾客后颈处长长地一____，刮出顾客麻酥酥的一阵惊悚，让人十分享受。其二是"张飞打鼓"：刀口在顾客后颈上____出一串花，同样让顾客特别舒服。"双龙出水"也是刀法之一，意味着刀片在顾客鼻梁两边轻捷地____。"月中偷桃"当然是另一刀法，意味着刀片在顾客眼皮上轻巧地____。至于"哪吒探海"更是不可错过的一绝：刀

尖在顾客耳朵窝子里细____，似有似无，若即若离，不仅净毛除垢，而且让人痒中透爽，整个耳朵顿时清新和开阔，整个面部和身体为之牵动，招来飕飕飕八面来风。气脉贯通和精血涌跃之际，待剃匠从容收刀，受用者一个喷嚏天昏地暗，尽吐五脏六腑之浊气。

③ 何师傅操一杆青龙偃月，阅人间头颅无数，开刀，合刀，清刀，弹刀，均由手腕与两三指头相配合，玩出了一朵令人眼花缭乱的花。一把刀可以旋出任何一个角度，可以对付任何复杂的部位，上下左右无敌不克，横竖内外无坚不摧，有时甚至可以闭着眼睛上阵，无需眼角余光的照看。

④ 一套古典绝活儿玩下来，他只收三块钱。

19. 依次填入选段中第②自然段横线处的动词，正确的一项是（   ）（2分）

    A. 剔   弹   铲削   刨刮   刮

    B. 刮   弹   铲削   刨刮   剔

    C. 刮   铲削   弹   刨刮   剔

    D. 剔   铲削   弹   刨刮   刮

20. 这是第四单元自读课文《青龙偃月刀》中的一段，描写一位剃刀师傅的绝活。从上面的文字，你认为何师傅的剃头功夫可以用哪三个词来概括？（3分）

21. 作者在叙事上有很多机智巧妙、四两拨千斤的地方，甚至于一字一词上见功夫。试分析下列句子在遣词造句和表现手法上的特点。（4分）

（1）一把刀可以旋出任何一个角度，可以对付任何复杂的部位，上下左右无敌不克，横竖内外无坚不摧，有时甚至可以闭着眼睛上阵，无需眼角余光的照看。

（2）就因为关大将军的功夫也是在一把刀上，过五关，斩六将，杀颜良，诛文丑，于万军之阵取上将军头颅如探囊取物。

22. 课文告诉我们，何爹的生意越做越淡，主要是社会原因而非个人原因。请从上面的文字中找出一个句子加以印证。（3分）

23. 文中的"似有似无，若即若离"用来描写"哪吒探海"的妙处，请借用"似有似无，若即若离"造一个句子，说明声音的妙处。（2分）

（三）

悼念玛丽·居里

爱因斯坦

① 在像居里夫人这样一位崇高人物结束她的一生的时候，我们不要仅仅满足于回忆她的工作成果和对人类已经作出的贡献。第一流人物对于时代和历史进程的意义，在其道德品质方面，也许比单纯的才智成就方面还要大。即使是后者，它们取决于品格的程度，也远超过通常所认为的那样。

② 我幸运地同居里夫人有20年崇高而真挚的友谊。我对她的人格的伟大愈来愈感到钦佩。她的坚强，她的意志的纯洁，她的律己之严，她的客观，她的公正不阿的判断——所有这一切都难得地集中在一个人的身上。她在任何时候都意识到自己是社会的公仆，她的极端的谦虚，永远不给自满留下任何余地。由于社会的严酷和不平等，她的心情总是抑郁的。这就使得她具有那样严肃的外貌，很容易使那些不接近她的人发生误解——这是一种无法用任何艺术气质来解脱的少见的严肃性。一旦她认识到某一条道路是正确的，她就毫不妥协地并且极端顽强

地坚持走下去。

③她一生中最伟大的科学功绩——证明放射性元素的存在并把它们分离出来——所以能取得，不仅是靠着大胆的直觉，而且靠着在难以想象的极端困难情况下的工作热忱和顽强意志，这样的困难，在实验科学的历史中是罕见的。

④居里夫人的品德力量和热忱，哪怕只要有一部分存在于欧洲的知识分子中间，欧洲就会面临一个比较光明的未来。

（选自《爱因斯坦文集》，商务印务馆 1976 年版）

24. 文中第①自然段三个加点的词各指代什么？（3分）

"后者"指代：

"它们"指代：

"那样"指代：

25. 对第②自然段中的两句话作出回答。（4分）

（1）文中说居里夫人的严肃性"是一种无法用任何艺术气质来解脱的少见的严肃性"，形成这种性格的原因是什么？（不超过20个字）

（2）"一旦她认识到某一条道路是正确的，她就毫不妥协地并且极端顽强地坚持走下去"，这是一种什么精神？

26. 文章第③自然段阐明了一个什么问题？（2分）

27. 第④自然段在文中的作用和意义是什么？（4分）

28. 对文章主旨的分析，正确的一项是（　　　）（3分）

A. 对居里夫人的一生做全面的评述。

B. 对居里夫人的可贵品格作出高度的评价。

C. 作者回忆同居里夫人20年的真挚友谊。

D. 评价居里夫人为人类作出的重大科学贡献。

29. 口语交际题（10分）

在就业面试的过程中，需要回答主考官提出的问题，请运用学过的知识，回答下列问题。

A. 请简要介绍一下你自己。

B. 你对这份工作有什么期望？

C. 你现在还缺乏工作经验，如果被录用了，你怎样才能胜任工作？

30. 应用文写作题（20分）

下面是某旅游公司发布的招聘信息，阅读后，请你给该公司人力资源部写一封求职信。

某旅游公司是市里的一家知名公司，主要承接国内外大型旅游团队。现面向社会招聘导游20名，具体要求如下：

年龄：18~25 岁

学历：中专以上学历

工作经验：不限

要求：

（1）有导游资格证书；

（2）具有较好的沟通协调能力，待人接物热情诚恳；

（3）能够说标准普通话，有一定的文艺才能；

（4）身体素质较好，能经常带队到外地。

综合自测题（B卷）

（满分 100 分，自测时间 90 分钟）

第 I 卷

（14 小题，前 13 小题每题 2 分，第 14 小题 4 分，共 30 分）

1. 下列词语中，加点字注音完全正确的一项是（   ）

A. 恪（kè）守   广袤（mào）   倏（shū）忽   嘈（cáo）杂

B. 梦寐（mèi）   藐（mào）视   寥（liáo）廓   端倪（ní）

C. 颠簸（bǒ）   半晌（xiǎng）   摇曳（yì）   精湛（shèn）

D. 怦（pīng）然   神侃（kǎn）   熨（yùn）帖   糟蹋（tà）

2. 下列词语中，书写完全正确的一项是（   ）

A. 停止不前   刻勤刻俭   目瞪口呆

B. 价值连城   振振有辞   眼花瞭乱

C. 歇斯底里   人声鼎沸   心无旁骛

D. 浅尝辄止   禄禄无为   花团绵簇

3. 下列词语中，加点字解释全部正确的一项是（   ）

A. 意蕴（包含）   不求甚解（过多）   迫在眉睫（压迫）

B. 倏忽（很快地）   美不胜收（能够承受）   亘古不变（延续不断）

C. 漫江（漫延）   鞭长莫及（达到）   怨天尤人（尤其）

D. 方遒（强劲有力）   肆无忌惮（担心）   无动于衷（钟爱）

4. 结合语境，下列句子中，加点词语解释有错误的一项是（   ）

A. 为了满足人们健康的需求，厂家纷纷推出了绿色食品。（指绿颜色蔬菜）

B. 针对城乡接合部急诊的压力，医院持续全方位建设急救绿色通道。（指方便快捷的途径）

C. "绿之翼"环保社团，吸引了不少"阳光少年"。（指活泼、富有生气的少年）

D. 教育局要求各职业学校实行"阳光招生"。（指公开、公平、公正的招生）

5. 下列句中加横线的成语，使用不当的一项是（　　）

A. 我们在一起谈天说地，打牌下棋，还扯着破喉咙<u>参差不齐</u>地唱着流行歌曲。

B. 考古工作者在这里发现的大量木俑，<u>斑驳陆离</u>，为其他古墓出土文物所罕见。

C. 山上有了小屋，好比<u>一望无际</u>的水面飘过一片风帆。

D. 它不再是清晰的小屋，而是烟雾之中、星点之下、月影之侧的<u>海市蜃楼</u>。

6. 下列句子中，标点符号使用错误的一句是（　　）

A. 儿子想使母亲骄傲，这心情毕竟是太真实了，以致使"想出名"这一声名狼藉的念头也多少改变了一点形象。

B. 由此产生的最自然的结果就是自卑。还有比这更痛苦的感情吗？还有比这更难于靠外界的各种赐予来补偿的感情吗？

C. 父亲想，这点积蓄已够整整一学期的学费，何不再试一学期，看看究竟能取得什么样的成绩。

D. 常先生慨然一叹："三爷啊，'人在江湖，身不由己'啊。"

7. 下列各句中，没有使用修辞手法的一句是（　　）

A. 青蒿素是中医药学给予人类的一份珍贵礼物。

B. 有一年，十月的风又翻动起安详的落叶，我在园中读书，听见两个散步的老人说："没想到这园子有这么大。"

C. 一个不能克服自身相互斗争的因素的人，又怎能抗御生活的猛烈冲击，怎能安静地从事活动呢？

D. 如果我们错误地估计了自己的能力，以为能够胜任经过较为仔细的考虑而选定的职业，那么这种错误将使我们受到惩罚。

8. 依次填入下列各句横线处的词语，最恰当的一项是（　　）

① 她艰难的命运，坚忍的意志和毫不_____的爱，随光阴流转，在我的印象中愈加鲜明深刻。

② 抽茎了，长叶了，铁骨青枝，_____屹立。

③ 啊！原来宇宙万物都各有名称，每个名称都能启发我新的思想。我开始以充满_____的眼光看待每一样东西。

A. 张扬　　傲然　　新奇
B. 张扬　　毅然　　迷惑
C. 宣扬　　毅然　　迷惑
D. 宣扬　　傲然　　新奇

9. 下列各句中没有运用议论这种表达方式的一句是（　　）

A. 世纪老人在陆续地离去，他们留下的爱国心和高深的学问却一直在我们心中不老。

B. 这里，我们除了自我欺骗，别无解救办法，而让人自我欺骗的解救办法是多么令人失望啊！

C. 我只管把一般英语句子的基本结构牢记在心——这是光荣的事情。

D. 这个高额头、蓝眼睛、身材修长的漂亮的异国女子，很快成了人们议论的中心。

10. 下列作品、作家及体裁对应不正确的一项是（　　）

A. 《喜看稻菽千重浪》——沈英甲——人物通讯

B. 《我与地坛》——史铁生——小说

C. 《跨越百年的美丽》——梁衡——散文

D. 《再塑生命的人》——海伦·凯勒——人物传记

11. 下面对文章的赏析，不正确的一项是（　　）

A. 《我与地坛》中作者以自己的亲身经历，叙述了多年来在地坛的沉思和感悟。

B. 《中国人民站起来了》是毛泽东同志在中国人民政治协商会议第一届全体会议上的开幕词。"中国人从此站立起来了"，表达了对历经艰难困苦的中华民族获得新生的无比自豪、自信、自强之情。

C. 《青年在选择职业时的思考》一文在提出论题"认真考虑选择职业是青年的首要责任"之后，作者采用了先破后立、有破有立的论证方法。

D. 《"大国工匠"彭祥华》缺少情节起伏，全文平平淡淡，如诉家常地向读者讲述爆破工人彭祥华的故事。

12. 对说明书相关知识的说明，不正确的一项是（　　）

A. 说明书是对工商业产品、工程设计、图书报纸、影视戏剧、文艺演出、旅游胜地以及各种博览、展销活动等做介绍说明的一种应用文体。

B. 条款式说明书的格式包括标题、正文、落款。

C. 说明书语言要易懂。为让消费者更形象地理解说明的内容，可使用比喻、拟人、夸张等修辞手法。

D. 说明书要全面地说明事物，要突出重点，合理安排顺序。

13. 下列语句，排序正确的一项是（　　　　）

（1）他作为科学家就是这样。但是这在他身上远不是主要的。

（2）在马克思看来，科学是一种在历史上起推动作用的、革命的力量。

（3）任何一门理论科学中的每一个新发现——它的实际应用也许还根本无法预见——都使马克思感到衷心喜悦，而当他看到那种对工业、对一般历史发展立即产生革命性影响的发现的时候，他的喜悦就非同寻常了。

（4）例如，他曾经密切注视电学方面各种发现的进展情况，不久以前，他还密切注视马赛尔·德普勒的发现。

A.（1）（2）（3）（4）　　　　　　B.（1）（3）（4）（2）

C.（4）（2）（1）（3）　　　　　　D.（4）（2）（3）（1）

14. 根据提供的例句，仿写句子。（每句2分，共4分）

例句：对于一株新生的树苗，每一片叶子都很重要。对于一个孕育的胚胎，每一段染色体碎片都很重要。

仿句：_____

_____

例句：生活像一条奔腾的长河，没有礁石和岛屿就不会有美丽的浪花。

仿句：_____

第 Ⅱ 卷

（共 70 分）

阅读下面的文字，回答 15—27 题。（共 40 分）

（一）

① 伟大的东西是闪光的，闪光会激发虚荣心，虚荣心容易使人产生热情或者

一种我们觉得是热情的东西；但是，被名利迷住了心窍的人，理性是无法加以约束的，于是他一头栽进那不可抗拒的欲念召唤他去的地方；他的职业已经不再是由他自己选择，而是由偶然机会和假象去决定了。

②　我们的使命决不是求得一个最足以炫耀的职业，因为它不是那种可能由我们长期从事，但始终不会使我们感到厌倦、始终不会使我们劲头低落、始终不会使我们的热情冷却的职业，相反，我们很快就会觉得，我们的愿望没有得到满足，我们的理想没有实现，我们就将怨天尤人。

③　但是，不仅虚荣心能够引起对某种职业的突然的热情，而且我们也会用自己的幻想把这种职业美化，把它美化成生活所能提供的至高无上的东西。我们没有仔细分析它，没有衡量它的全部分量，即它加在我们肩上的重大责任；我们只是从远处观察它，而从远处观察是靠不住的。

④　在这里，我们自己的理性不能给我们充当顾问，因为当它被感情欺骗，受幻想蒙蔽时，它既不依靠经验，也不依靠更深入的观察。然而，我们的目光应该投向谁呢？当我们丧失理性的时候，谁来支持我们呢？

⑤　是我们的父母，他们走过了漫长的生活道路，饱尝了人世的辛酸。——我们的心这样提醒我们。

⑥　如果我们经过冷静的考察，认清了所选择的职业的全部分量，了解它的困难以后，仍然对它充满热情，仍然爱它，觉得自己适合于它，那时我们就可以选择它，那时我们既不会受热情的欺骗，也不会仓促从事。

⑦　但是，我们并不总是能够选择我们自认为适合的职业；我们在社会上的关系，还在我们有能力决定它们以前就已经在某种程度上开始确立了。

⑧　我们的体质常常威胁我们，可是任何人也不敢藐视它的权利。

⑨　诚然，我们能够超越体质的限制，但这么一来，我们也就垮得更快；在这种情况下，我们就是冒险把大厦建筑在残破的废墟上，我们的一生也就变成一场精神原则和肉体原则之间的不幸的斗争。但是，一个不能克服自身相互斗争的因素的人，又怎能抗御生活的猛烈冲击，怎能安静地从事活动呢？然而只有从安静中才能产生出伟大壮丽的事业，安静是唯一能生长出成熟果实的土壤。

⑩　尽管我们由于体质不适合我们的职业，不能持久地工作，而且很少能够

愉快地工作，但是，为了恪尽职守而牺牲自己幸福的思想激励着我们不顾体弱去努力工作。如果我们选择了力不胜任的职业，那么我们决不能把它做好，我们很快就会自愧无能，就会感到自己是无用的人，是不能完成自己使命的社会成员。由此产生的最自然的结果就是自卑。还有比这更痛苦的感情吗？还有比这更难于靠外界的各种赐予来补偿的感情吗？自卑是一条毒蛇，它无尽无休地搅扰、啃啮我们的胸膛，吮吸我们心中滋润生命的血液，注入厌世和绝望的毒液。

⑪ 如果我们错误地估计了自己的能力，以为能够胜任经过较为仔细的考虑而选定的职业，那么这种错误将使我们受到惩罚。即使不受到外界的指责，我们也会感到比外界指责更为可怕的痛苦。

15. 这段文字论述了影响职业选择的哪几个方面的因素？请概括其要点。（6分）

16. 找出文中的两个比喻句，并分别说明它们阐明了什么道理。（4分）

17. 论述体质与职业选择时，作者运用了什么论证方法？（2分）

18. 对第⑩自然段主要意思的概括，正确的一项是（   ）（2分）

A. 职业使我们能够超越体质的限制。

B. 职业使我们的体质很快垮下来。

C. 职业和体质是一对不可调和的矛盾。

D. 选择与我们的体质相匹配的职业，才能安心工作。

（二）

规则的胜利

祝 勇

① 奥运会是全人类的节日。当奥运会开幕的时候，地球上几乎所有国家的代表都汇集在一起，几乎所有国家的人民都关注着这一盛事，这简直是个奇迹。奥运会之所以有这么大的魅力，有人归之于体育精神，有人归之于竞技的魅力，也有人归之于现代化传播媒介的巨大作用。这些都不无道理，但是还有一个因素，那就是规则的胜利。

② 体育的魅力在于它虽是竞争，却是规则内的竞争。"没有规矩，不成方圆。"没有一个得到普遍公认的规则，那么一切竞争都将处于无序状态，也都进行不下去。规则表面上是限制了各方，实质上对各方都有利。以足球为例，如果没有规则，如果越位、有意伤人等犯规行为得不到判罚，那么等于所有的犯规行为都受到鼓励，绿茵场就成了角斗场，真正意义上的足球就无从进行了。所以，当球迷们执迷于比赛时，他们常常将"功劳"归于球星们的精彩表演，恐怕没人去注意，足球的魅力在很大程度上是规则带来的。

③ 一切体育运动的魅力，皆因它是规则内的竞争。规则和运动员之间，是限制与反限制的关系，犹如高台跳水，难度系数越高，越能体现出运动员的水平。没有限制的"自由"是不存在的，在限制的范围内战胜限制，达到完美的境界，才是真正的英雄。

④ 遗憾的是，世界上并非一切事物均有规则，甚至在某些时间或空间里，法律都无济于事。世界在某种程度上还处于无序状态。在国与国之间，不按公理出牌，恃强凌弱，霸权主义，违反人类道义的事件，亦不罕见。这更使得奥运会成为"世外桃源"，成为严格遵守规则的典范。奥运会的规则从来不为任何特权服务。

⑤ 争强好胜是人的本能，如果不将这种本能放于规则当中，那么这些美好品质也有可能为罪恶的目的服务。奥运会不仅将人的这种本能引入了一个很高的精神境界，在身体和精神两个层面上展现了人自身的价值，而且无可辩驳地证实了

规则的重要性。它给世界的启示是：只有尊重和遵守规则，芜杂的世界才能连接成一个有机的整体，人类的创造力才能得到真正的发挥，人类才会共同拥有一个光明的未来。

（选自 2000 年 10 月 8 日《新民晚报》）

19. 作者认为奥运会魅力无穷最重要的原因是＿＿＿＿＿＿＿＿＿。（2分）

20. 结合上下文，说说第②自然段"没有规矩，不成方圆"一句中"规矩"和"方圆"在文中的含义各是什么？（4分）

（1）规矩：＿＿＿＿＿＿＿＿＿＿＿＿＿＿＿＿＿＿＿＿

（2）方圆：＿＿＿＿＿＿＿＿＿＿＿＿＿＿＿＿＿＿＿＿

21. 依据文章内容，概括出"规则"的两个特性。（4分）

（1）＿＿＿＿＿＿＿＿＿＿＿＿＿＿＿＿＿＿＿＿＿

（2）＿＿＿＿＿＿＿＿＿＿＿＿＿＿＿＿＿＿＿＿＿

22. 下面对文章内容的理解，不正确的一项是（　　）（2分）

A. 奥运会成了"世外桃源"，为严格遵守规则树立了典范。

B. 一切体育运动都因为是规则内的竞争，因而产生了魅力。

C. 世界上一切事物均有规则。体育运动中建立起来的规则要广泛地推广到其他领域中去。

D. 规则的制定既是对各方的限制，也可以说是对各方的保护。

23. 下面对文章内容的分析，正确的一项是（　　）（2分）

A. 本文的写作目的是对一些霸权主义国家进行讽刺和批评。

B. 要善于利用规则打好"擦边球"，争取在规则中取得自由。

C. 本文的基本观点是：要在精神上而不是在身体上争强好胜。

D. 规则是最讲究公正的，它保证了竞争能有序与合理地进行。

（三）

晨昏诺日朗（节选）

赵丽宏

沿着湿漉漉的林间小道，我一步一步走近诺日朗。那轰鸣的水声也越来大，迎面飘来的水雾也越来越浓。等走到瀑布跟前时，头发、脸和衣服都湿了。这时抬头仰观大瀑布，才真正领略到了那惊天动地的气势。云雾迷蒙的天上，仿佛是裂开了一道巨大的豁口，天水从豁口中汹涌而下，浩浩荡荡，洋洋洒洒，一落千丈，在山谷中激起飞扬的水花和震耳欲聋的回声。此时诺日朗的形象和声音，吻合成一个气势磅礴的整体。站在这样的大瀑布面前，感觉自己只是漫天飘漾的水雾中的一颗微粒。我想起许多年前在雁荡山看瀑布时的情景，站在著名的大龙湫瀑布跟前，产生的联想是在看一条巨龙被钉在崖壁上挣扎。此刻，却是群龙飞舞，自由的水之精灵在宁静的山谷中合唱出一曲震撼天地的壮歌，使人的灵魂为之颤栗。面对这雄浑博大、激情横溢的自然奇景，人是多么渺小，多么驯顺！

（选自《游走与遐思》，长江文艺出版社 2000 年版）

24. 这段描写诺日朗瀑布的文字，从哪几个角度表现其"气势磅礴"？（4分）

25. 文中为什么提到"许多年前在雁荡山看瀑布时的情景"？（2分）

26. "此刻，却是群龙飞舞，自由的水之精灵在宁静的山谷中合唱出一曲震撼天地的壮歌"，这一句用了什么修辞手法？有什么作用？（4分）

27. "我想起许多年前在雁荡山看瀑布时的情景，站在著名的大龙湫瀑布跟前，产生的联想是在看一条巨龙被钉在崖壁上挣扎。"分析"钉"字的表达效果。（2分）

28. 口语交际题（10分）

阅读下面材料，根据解释与道歉的方法和技巧回答问题。

小刘在他订的酸牛奶中发现了一小块玻璃碎片，于是前往牛奶公司投诉。不用说，他的情绪是愤怒的。一路上他已经打好腹稿，并想出了许多尖刻的词语。一到总经理办公室，他连自我介绍都省略了，把王经理伸出的友谊之手也拨向一旁，"重磅"炮弹铺天盖地地向王经理轰来：

"你们牛奶公司，简直是要命公司！你们都掉进钱眼里去了！为了自己多赚钱，多分奖金，把我们千百万消费者的生死置之度外，你们一点都不像社会主义的企业，地地道道是资本家的勾当！……"

假如你是王经理，你将如何做好解释工作，向小刘道歉并取得谅解。请根据情境写出王经理与小刘的对话。

29. 应用文写作题（20分）

按下面要求策划一个班级爱心救助活动方案。

活动主题：_____

活动目的（紧扣活动主题）：_____

_____

活动方式：_____

附 录

第一单元参考答案

一 中国人民站起来了

一、基础知识应用

1. 徽：huī，国徽。微：wēi，微笑。姿：zī，姿态。娑：suō，婆娑。辟：bì，复辟。僻：pì，偏僻。

2. 觉悟，援助，打倒，推翻。

3. （1）援助人民解放军，反对了自己的敌人。（2）他们也还会以各种方式从事破坏和捣乱，他们将每日每时企图在中国复辟。

4. A（"即使"表假设，"并"表并列）

5. B（B是本次会议已经实现的。其他三项根据"业已""将"可判断出是面临的任务）

6. C（开幕词集中体现了大会或活动的指导思想）

二、阅读与表达能力训练

（一）

7. 占人类总数四分之一的中国人从此站立起来了。

8. 打倒内外压迫者，以勇敢而勤劳的姿态工作，创造自己的文明和幸福，同时也促进世界的和平和自由。

9. 中华民族已经打倒了内外压迫者，成立了中华人民共和国，人民当家做主人了。表达了历经艰难困苦的民族获得新生的自豪、自信、自强的感情。

10. 不能。"从来"表示中国人从过去到现在都是伟大的勇敢的勤劳的民族，即使落伍也改变不了伟大、勇敢、勤劳的本质属性。删掉了就少了这层意思。

11. 答案略。

（二）

12. 具体指：（1）给爱留下足够的容量，使希望永恒在前；（2）使事业和人生，呈现缤纷和谐、相得益彰的局面；（3）完善自我，弘扬个性。 原因是：为了给精神建立栖息地，以使人生健康、美丽、庄严、伟大、真诚、完满、永恒。

13. 甲：慈爱　　乙：珍爱　　丙：憎恶　　丁：蔑视

14. 辛弃疾"想当年，金戈铁马，气吞万里如虎"。（或陆游"夜阑卧听风吹雨，铁马冰河入梦来"。）

15. "鹊"指的是"事业"。"鸠"指的是"事业以外的赘生物"。"鸠占鹊巢"指的是事业以外的赘生物取代了事业的位置。

（三）

16. 提示：

首先，接待要态度热情，不可因为顾客是来退货的而冷淡；

其次，要注意倾听，听清顾客退货的原因，分析有无改变顾客想法的可能；

最后，要实事求是，在能力范围内解决，如超过职权范围，应做好解释，并及时请示领导。

*二　我与地坛（节选）

一、基础知识应用

1. C（A. 玉砌 qì　B. 坍圮 pǐ　D. 肆 sì 意）

2. D（未使用修辞手法）

3. （1）A　（2）C　（3）B　（4）C　（5）A

4. （1）"石门中"这一具体落日位置的描写，既是实地所见，也表现了这是落日接近地平线，几乎与地面处于同一平面的时刻，使读者对"光辉平铺的一刻"有更加真切的感受。

（2）"端着眼镜"这一寻找的动作细节，具体描述了视力不好的母亲张望的情景，表现了母亲对儿子的关爱和所受的艰辛。

5. D（没有对时间的拟人化描写）

6. D

二、阅读与表达能力训练

（一）

7.（1）C （2）E （3）B （4）G

8. D（ABC项加点词语都是拟人的写法）

9. 因为"我"在园子里待得太久，"母亲"就急迫地到园子里到处找"我"；同时也说明自己成长的每一步，都离不开"母亲"的关爱和期盼。

10. 焦灼：非常着急。它隐含着母亲既希望儿子走出困境，又担心儿子有什么不测的想法。母亲是在不伤及儿子自尊的情况下看护着他，用深沉的母爱理解儿子的一切。

11. 地坛象征着大地母亲和人类母亲的爱。

（二）

12. 作者发现小伙子和少女就是当年那对小兄妹，令人悲伤的是漂亮少女的智力竟有些缺陷。

13. 世上的很多事是不堪说的，想不明白的，是让人迷茫而无奈的。

14. 要是没有了丑陋，漂亮又怎么维系自己的幸运？

15. 人类存在的本身需要差别，像痛苦、幸福等差别永远是要有的。

（三）

16. 示例：

××中等职业学校财会电算班班委会会议记录

会议时间：2017 年 5 月 10 日中午 12 点

会议地点：本班教室

出席人：王玲（班长）、韩磊（团支部书记）、李想（学习委员）、李欢（宣传委员）、毛小雨（生活委员）、胡明明（体育委员）

缺席人：无

列席人：班主任许老师

主持人：班长王玲

记录人：学习委员李想

一、主持人讲话

今天主要讨论一下校团委组织的"爱心义卖"活动在我们班如何开展的问题。请团支部书记韩磊传达一下校团委关于此次"爱心义卖"活动的要求。

二、发言

韩磊：校团委有三点要求。一是各班要策划好此次活动，要和自己班级的专业相结合，班级活动方案后天上报；二是爱心义卖的展台要提前布置，由校团委指定地点；三是收款要有专人负责，活动结束后立即上交校团委。

毛小雨：我可以找一位同学一起来收钱。建议由胡明明配合买收据本。

胡明明：我认为李欢适合搞展台的布置，我负责配合将需要的东西准备好。

李欢：我觉得最关键的是卖什么，如何结合专业。

王玲：这个我可以来策划，然后征求大家的意见。

许老师：大家的工作积极性我很欣赏，今天拿出方案后，明天班会时在班里宣传一下，再征求同学们的意见。需要同学们做什么，也可在班会时提出要求。

三、决议

班长王玲负责策划班级活动方案，团支部书记韩磊负责整个爱心义卖物品的组织工作，宣传委员李欢负责前期的宣传和展台的布置，生活委员毛小雨负责财务工作，体育委员胡明明负责后勤和其他的工作。明天班会时由班长王玲将爱心义卖方案在班级宣讲。前期准备工作今天会后开始启动。

主持人：王玲（签名）

记录人：李想（签名）

拓 展 延 伸

（一）

此题旨在引导学生加深对文本的理解，只要突出艰苦年代的亲情即可。

（二）

1. 答案合理即可。原文为："嫣然一笑，老夫觉得其笑貌美极了。"

2. （1）让野草闲花各适其所地点缀于大自然中，使大自然显得丰富多彩。

（2）大自然对各种事物都赋予了优点和缺点。（回答时符合大意即可）

3. （1）属于自己的，关系到自己荣辱得失的。（2）属于众生的，能为世界做贡献的。（意思相近即可）

4. A

5. 略

第二单元参考答案

四　青年在选择职业时的考虑（节选）

一、基础知识应用

1. B（辜 gū）

2. C（A 项应是反问　B 项应是比喻　D 项应是对比）

3. （1）A　（2）B　（3）C　（4）A　（5）B

4. A（"妄自菲薄"即指过分看轻自己。可改为：人们不应该为自己成绩的高或低而轻易满足或妄自菲薄。）

5. C（从反面说明，明确而肯定，其余三项表述都不准确，与文章信息不符）

6. C（A. "心理学研究表明："应为"心理学研究表明，"。B. "我在哪里，在干什么，"应为"我在哪里？在干什么？"D. "是使他无可非议"后的"，"改为"、"）

二、阅读与表达能力训练

（一）

7. （1）H　（2）A　（3）B　（4）G

8. C（其他三项是议论，C 项是描写）

9. "此"是指：如果我们选择了力不胜任的职业，那么我们决不能把它做好，我们很快就会自愧无能，就会感到自己是无用的人，是不能完成自己使命的社会成员。

10. 马克思认为，身体条件是影响人们职业选择的一个重要因素。

11. 如个人喜好、身体条件、自身能力等。

（二）

12. 运用了对比和比喻，具体形象地表现了走不同人生道路的人的不同境遇与结局，增强了表达效果。

13. 走上正路的人一定会过上美好的生活。

14. A　C

（三）

15. 示例：

××剃须刀使用说明书

本说明适用于充电式剃须刀。

一、充电

将电源插头插入 AC220V 电源之中，等充电指示灯亮后充电 12~16 小时。注意：充电时间不要过长，以免影响电池寿命。

二、剃须

将开关键上推至开启位置（ON），即可剃须。为达到更好的剃须效果，请将皮肤拉紧，使胡须呈直立状，然后逆胡须生长的方向缓慢移动。

三、修剪

具有修剪刀功能的剃须刀，请在剃须前，先将修剪刀推出，修短胡须后再用网刀剃净。

四、清洁

剃须刀要经常清洁。清洁前应先关上开关，旋下网刀，用毛刷将胡须屑刷净。清洁后轻轻放回刀头架，要到位。清洁时应轻拿轻放，避免损坏任何部件。

五、保修条例

保修服务在正常使用下有效。一切人为损坏，例如接入不适当电源，使用不适当配件，因运输及其他意外而造成之损坏，非经生产厂家认可的维修和改造，错误使用或疏忽而造成损坏，不适当之安装等，保修服务立即失效。此保修服务不包括运输费及维修人员上门服务费。

保修期外享受终身维修，维修收元器件成本费、运输费及维修人员上门服务费。

剃须刀中内、外刃属消耗品，不在保修范围。

保修期：产品售出后 6 个月。

六、注意事项

充电时间 12~16 小时。

换刀网、刀头时一定要选用生产厂家的配件。

*五 "大国工匠" 彭祥华

一、基础知识应用

1. B（翘 qiáo 楚）

2. D（A. 横渡 B. 坚忍辛劳 C. 铤而走险）

3. B

4. A

5. D（";"应为","）

6. 纪录片解说词 大勇不惧

二、阅读与表达能力训练

7. 列数字。一方面使介绍更准确，另一方面使介绍更具说服力，让人信服。

8. 既让人了解成昆铁路修建者的艰辛与伟大，也突出了责任和技能的延续与传承。

9. 使纪录片的可视性增强，更加直观形象，让读者有身临其境之感。

10. "旋律清晰有序的弹奏"的描写让爆破从技术层面上升到艺术层面，侧面描写出彭祥华热爱本职工作、享受工作过程的职业情怀。

11. 技艺高超、热爱职业、精益求精、追求完美等。

拓 展 延 伸

（一）

此题旨在引导学生加深对生命与责任的理解，回答时只要突出在生活实际中自己也应肩负一定的责任即可。

（二）

1. 允许别人帮你，有时候也是一种幸福。

2.（1）以为自己无法参加期中考试。（2）改为"希望"更为确切，在原本绝望的情况下，看到了钥匙，看到了希望，此时，迫切的希望——希望有人帮助，希望能参加考试的心情战胜了"自傲"。（如果觉得"绝望"确切，只要言之有理并表达完整亦可。）

3. 心灵由封闭变为开放，由"清高自傲"变得乐意与人交往和沟通，从与别人保持距离到主动融入人群。

4. 我居然让一个与癌症做斗争的病人冒着暴风雪送我去学校

5. 略

第三单元参考答案

七 在马克思墓前的讲话

一、基础知识应用

1. B（A. liang/liáng zǔ/zǔ zhuó/chuò； B. dào/nào wú/wǔ jí/jì C. zhōng/zhōng huò/huō wū/wǔ； D. fěi/fěi rèn/rèn fú/fó）

2. B（A."健树"应为"建树" C."疾恨"应为"嫉恨" D."掉念"应为"悼念"）

3. D（A. 豁：通达 B. 辄：就 C. 垂：流传）

4. C（A. 文不加点：文章一气呵成，无须修改。形容文思敏捷，写作技巧纯熟。句意强调改正某种缺点，所以不用褒义词。B. 汗牛充栋：形容藏书非常多。句意是强调杰出人物数量多，而不是藏书多。C. 笔走龙蛇：形容书法笔势矫健多姿。D. 目无全牛：比喻技术熟练到了得心应手的境地。句意强调的是缺点，所以不用褒义词）

5. C（此句作者用"正像达尔文发现有机界的发展规律一样"来类比马克思的发现，所以应为类比论证）

6. 答题时要熟悉该作家经典的作品内容，对作家本人的创作风格要有所了解，在此基础上，仿照例句进行仿写。如：《牡丹亭》，一部跨越生死的爱情传奇，一部浪漫绮丽的昆剧经典；汤显祖，彰显人性，反对束缚，是当之无愧的杰出的戏剧作家。

二、阅读与表达能力训练

（一）

7. D（A. 仅仅强调人们在马克思逝世后的心理活动，没有强调他的逝世对人类产生的重大影响。B. 马克思对人类的影响不仅仅在于他的思想家身份。C. 马克思对人类的影响不仅仅在于他的科学理论研究。D. 表述意思最完整，马克思对人类的贡献既是指他的革命理论，也是指他的革命实践，而用"空白"一词强调他逝世后在各个方面对人类造成的重大影响）

8. C（该句使用了类比论证方法。A. 达尔文发现的是有机界的发展规律，马克思发现的是人类历史的发展规律。B. 达尔文的研究内容是关于有机界的，马克思的研究内容是关于人类历史的，内容不一样。C. 不管是达尔文的发现，还是马克思的发现，都具有划时代的意义，所以他们同样伟大。D. 二人的研究领域不同，科学理论发现自然也不同，但都具有划时代的意义，所以不能强调两人谁比谁更伟大）

9. C（"这样"指代的内容在上一段找，即上段话的结尾；"这"指代的内容在上一句找，即前一句话）

10. D（介绍马克思逝世的情况和生前的革命实践活动用的是记叙的表达方式）

11. 形象地说明了马克思作为科学家对于科学的认识：科学是一种推动历史进步的革命的力量。

（二）

12. 为了挑战一个全新的目标（或：研究橡胶是他现在从事的全新的学科），为了美国的发展（或：为改变美国橡胶靠进口的状况）。

13. 创新就是他工作的动力，是他生活的全部乐趣。

14. 用光明和黑暗形成鲜明的对比。说明爱迪生引导世界走向光明，为人类作出了巨大的贡献。表达了后人对爱迪生的敬仰之情。

15. 开放性题目，不要求答案一致，但应指导学生了解其创新精神，以及他对人生意义、价值的不断追求。

（三）

16．示例：

广告词：（1）吃多吃少，光盘正好！

（2）勤俭节约正能量，铺张浪费负增长。

（3）光盘行动——拒绝舌尖上的浪费。

＊ 八　喜看稻菽千重浪

——记首届国家最高科技奖获得者袁隆平

一、基础知识应用

1．菽 shū，掖 yè，蔸 dōu，屏 bǐng，淤 yū，籼 xiān，蘖 niè，贬 biǎn 斥 chì

2．B（A．"咪"应为"眯"。C．"撒子"应为"散籽"。D．"骋"应为"聘"）

3．（1）饥馑：饥荒。（2）贬斥：贬低斥责。（3）刻骨铭心：比喻牢记心上，永远不忘。（4）义无反顾：在道义上只有勇往直前，绝对不能退缩回头。

4．D（"神奇"与"奇迹"语意重复，改为"神话般"）

5．D

6．C（去掉"迟熟的……"后面的逗号）

二、阅读与表达能力训练

（一）

7．（1）全国种植面积最大、产量最高的一个水稻良种"汕优63"是杂交稻。（2）被评为全国优质籼稻米。（3）双季晚稻和一季中稻一般品质较好，而杂交稻则占双季晚稻和中稻面积的 80% 左右，产量占 90% 以上。

8．坚持真理，实事求是。

9．实事求是是他的立场和态度

10．引用了毛泽东 1959 年写的《七律·到韶山》中的诗句，表达了作者对袁隆平研究成果和突出贡献的赞叹。

（二）

11．垣　悸　渺　濡

12. A

13. 写长城为突出都江堰做铺垫，让人们认识到都江堰的伟大，突出了主旨。运用了对比的写法。

14. 最激动人心的工程——都江堰

15. （1）说明了都江堰的伟大。

（2）通过与长城对比，生动地描绘了都江堰可亲可爱的形象，突出了它的贡献。

（三）

16. 提示：应根据自己知道的回答，尽量让客人满意，但也不能为了留住顾客而胡乱承诺。

（1）我们餐厅最多能容纳 60 桌客人，但是这是包括了包间里的桌子。最大的厅可容纳 30 桌。

（2）我们餐厅配备音响设备，可以提供两个无线话筒、四对音箱，您举行婚礼应该是够用了。在大厅还可以提供一台大屏幕电视机。

（3）灯光有大灯、小灯，但是没有射灯、地灯，我不知道你们是什么样风格的婚礼，如果想气氛更好些，我们可以提供租赁公司的地址你们去租，需要我们代租也可以。

（4）可以自带酒水。

（5）司仪我们不提供，一般都是客人自己请来的。如果需要，我们也可以代为联系。

拓 展 延 伸

（一）

此题旨在引导学生理解读书的境界，只要围绕如何才能读好书即可。

（二）

1. 人可能无法选择自己的生活境遇，但可以选择自己对生活的态度。（意思对即可）

2. （1）日历让作者感受到明天的希望。（2）日历让作者思考如何珍惜时间。（3）日历让作者感知到生命的意义。

3. （1）作者认为我们的日历大多数页码是黯淡无光的，但是记忆却能使我们从黯淡无光的生活中摆脱出来，因为记忆排斥平庸，使人变得独特。

（2）作者认为一个人的记忆是留在日历上的，但人不能只是被动地被记忆，还要用行为去创造记忆，认真地书写每一天的日历，使自己的人生（日历）丰富、充实。因此作者在文章的后半部分着重谈记忆。（意思对即可）

4．（1）取材方面：文章取材于人们生活中"用日历"这样的小事，却从中揭示出生命的意义，这种"以小见大"的写法容易引起读者的共鸣。

（2）语言方面：寓丰富的语言于平实的感情中。本文的语言是平实的，却蕴含着作者对日历、对生命的真挚感情，读来让人感到亲切而有意味。运用了比喻、拟人、排比、设问、反问等修辞手法，使文章语言生动形象，富有感染力。

5．略

第四单元参考答案

· · · · · · · · · · · · · · ·

十　列车上的偶然相遇

一、基础知识应用

1．B（勉强 qiǎng）

2．A

3．D

4．B

5．B（A. 缺少搭配的关联词。"就是"后面加上"因为"。　C. 表意不明。同学们是对"乱倒剩菜剩饭的现象"，还是对值周班指出了问题"感到十分气愤"，未说明。应在"指出"后面加上"的"。　D. 关联词语使用不当。"不管"应为"尽管"。）

6．回答只要合理即可，但必须结合"父亲"曾有考试不及格的经历来写。

二、阅读与表达能力训练

（一）

7．A

8. 行动描写："清晨两点钟，车厢内拥挤闷热，忠于职守的父亲穿着白色的工作服，仍在颠簸的车厢里缓缓巡回。""父亲不一会儿就在银色的托盘里放了两杯热牛奶与餐巾，穿过拥挤的车厢，极为规范地端到这位男子面前。"

语言描写："这是车上的规矩，先生。"

心理描写："他积攒了不少钱，远远超出了回家的路费。父亲想，这点积蓄已够整整一学期的学费，何不再试一学期，看看究竟能取得什么样的成绩。"

9. 还体现在应聘列车临时服务员时的优秀表现，否则，他不可能从几百名应聘者中脱颖而出。

10. 父亲"也许该回农场去了吧"的想法主要来自"因为无钱买课本的那一门功课的考试不及格。失败的沉重负担，使他抬不起头来"，并非真的放弃了求知的念头。既然"这点积蓄已够整整一学期的学费"，"何不再试一学期，看看究竟能取得什么样的成绩"的想法自然冒了出来。

11. 只要大致围绕"要体现自己的人生价值，不论何时何地，都必须执着、认真"的意思来谈即可。

（二）

12. C

13. "是一个可以发财的城市"或"是干什么都可以赚钱的地方"

14. A

15. 去北京的人：他怎么会混到这么好的地步?! 去上海的人：如果当初不换票，也许我今天会和他一样。

16. 换票

（三）

17. 示例：

"职业特色教室"布置评比活动方案

一、活动目的

为全面提高学生的职业素养，营造特有的职业学校专业学习的氛围，促进班级形成富有特色的文化氛围，实现环境育人，我校特举行"职业特色教室"布置评比活动。

二、主办单位

××职业教育中心校校长办公室

三、承办单位

××职业教育中心校学生处

四、报名时间

2018 年 10 月 20 日—10 月 25 日

五、评比内容

1. 班级的文化核心——班训。班训应体现出班级特有的文化氛围，能体现出本专业的特点。具体表现形式可以是文化典籍中的名句、凝练的短语等。要求句式整齐、短小、易记。

2. 班级的规章制度。制度应和职业的礼仪、规范相结合，和行业规范的要求相结合。

3. 班级的教室布置。教室布置体现出职业教育的特点，在班级中营造出专业化及个性化建设氛围，允许在支部园地、学习园地、黑板报之外的地方进行特色布置，但不应破坏墙面。

六、具体要求

1. 利用班级的空余墙面进行布置，用 KT 板粘贴或挂在墙上（原则是不损坏墙面，变换教室时可移动），色彩、形状、大小自定。其余区域不允许张贴。空余墙面使用几处，由班级根据具体的情况自定。

2. 布置的内容由班级结合专业特色和班级特点自定，但行业规范和班训应在内容中体现。

3. 临时通知、各类信息张贴在学习栏内，要求张贴整齐、美观。

4. 板块的内容应体现出职业特点和班级特色，每个板块应有主题，如："实训之星""技能明星""进步生表彰园地"等。充分利用班级的宣传阵地营造良好的职业文化和专业学习氛围。

5. 班级的废品集中存放于工具间或教室的门后面。应有专门的回收箱，回收箱应做美化布置，如可取一个与环境保护有关的名字，贴在上面。班级废品应定期处理（一周 2~4 次），不宜存放过久。

6. 班级工具间内的抹布和拖把使用后应悬挂。

7. 在工具间、灯盒开关处可张贴宣传节约的提示语，如："节约用水""水是生命之源"等。

8. 班级的布置以整洁、简明为主，在专业特色布置时，应注意内容与形式并重，不宜过于华丽，以免影响课堂教学的效果。

七、评比细则

1. 卫生 2 分：教室卫生整洁，无纸屑、垃圾、尘土、蛛网，窗明几净，墙壁无乱写乱画现象。

2. 整洁 1 分：工具间物品摆放整齐，按要求悬挂规定物品，不零乱。

3. 规范 2 分：有班级管理制度专栏，制度能体现出行业规范，且布局合理、美观、大方。

4. 专业 2 分：班级的布置具有专业性、职业性的特点，能体现出班级的专业特点，对学生的学习能发挥激励作用。

5. 环保 0.5 分：能进行有关节约用水、节约用电的宣传，用语具有艺术性。

6. 美化 0.5 分：不仅教室要美化，废品回收箱也要美化。

7. 特色 2 分：能体现班训，具有本专业特色，表现形式富有特点。

八、评比时间安排

1. 10 月 23 日为宣传动员日。

2. 10 月 24 日—11 月 2 日为班级准备阶段。

3. 11 月 3 日，为专业办评比阶段。由各专业办进行内部评比，各专业办按班级总数的 35% 上报学生处。

4. 11 月 5 日由校办牵头，学生处负责，联合总务处、专业办对上报班级进行评比，评出"职业特色班级"。对获奖班级颁发奖状，对班主任进行一定的物质奖励。一等奖占参评班级总数的 20%，二等奖占 30%，三等奖占 50%。

5. 11 月 10 日召开全校颁奖及表彰大会，由校办主持、学生处负责。

班级文化在班级管理中具有导向、激励、约束、凝聚和调控作用。望各班级根据本专业的特点，进行班级专业特色文化建设。

××职业教育中心校学生处

2018 年 10 月 15 日

*十一　绝　品

一、基础知识应用

1. D（A. 裱 biǎo　B. 侃 kǎn　C. 晌 shǎng）

2. B（A. 茶楼酒肆　C. 旋即　暴喝一声　D. 战战兢兢　慧眼）

3. A

4. C

5. C（（2）（4）均为拟人）

6. B

二、阅读与表达能力训练

（一）

7. A

8. 那幅唐代珍品被行家鉴定为揭品，不值几文，刘三爷也没有怨恨朋友，并且在常先生突然归来时，仍能够热情相待，说明刘三爷信任朋友，做人大度。

9. 不是。因为常先生考虑到，自己的特殊身份总有一天会被人知道，到时候他送给刘三爷的这些画很可能会成为刘三爷的罪名。他是替朋友考虑才这样做的。同时，他把这些画卖给刘三爷，既保护了国宝，又为革命筹集了经费，可以说一举两得。

10. 在战乱动荡的社会中，艺术珍品随时都有可能流失甚至被毁坏。因此他选择了刘三爷这位珍爱艺术的"儒商"来收藏这些字画。对于那幅宝中之宝的唐代珍品，常先生为了避免它被别人认出来而被巧取豪夺，于是将它改头换面。并且他也相信刘三爷能够信任他，能够不负他的重托。

（二）

11. 第 1 自然段：印白先生自幼练字，十四岁时就为皇帝赏识。　第 2 自然段：印白先生名声大噪，惜字如金。

12. 野村首先假意礼贤下士，惺惺作态；然后是数次登门，软磨硬泡；最后凶相毕露，以东洋刀相逼。

13. 在野村被八路军击毙后，印白先生为他写了八个大字：血刃倭贼，天下

137

称快。

14. 原因有两点：一是印白先生书法名扬大江南北，内行者知道他的字的风格；二是印白先生的气节妇孺尽知，也只有他才敢写出这样的内容。

15. 文中对印白先生的描写凸显了他鲜明的人物形象。如："印白先生抚摸着红紫的手臂，鼻孔连出几声'哼'。""印白先生斜眼野村，架起二郎腿，端茶呷了一口。""'不写！'印白先生斩钉截铁地回答。""印白先生淡然一笑，说：'倭贼要笼络人心，可能还不至于动我这种有名气的人吧。'""印白先生牙咯咯响，睪过头。""印白先生从牙缝挤出两字：'不写！'"

（三）

16. 提示：

（1）协商沟通时，要把握原则，既能够为对方着想，也能保护自己的利益。

（2）善于提出并把握话题，能掌握协商的重点。

（3）协商时态度诚恳，用语得体，符合礼仪。

拓 展 延 伸

（一）

主人公是肇教授，是他设计了故事，引领考察队走出了沙漠。作者是用间接描写的方法来写的。最后一问是开放式问题，学生只要对理想在职业生涯中的重要作用有一定认识，并言之成理即可，但不能离开文本空谈道理。

（二）

1. 讽刺律师自欺欺人、骗取他人信任的行为。

2. "来人"多次欲开口说话却被律师打断；律师"随便拨号码"；办公室刚装修好。

3. 小说让律师在一位知道底细的邮局接线员面前出乖露丑，最后揭示真相，具有强烈的讽刺性和戏剧性。

4. 既可写他目瞪口呆、无地自容；也可写他巧言诡辩，再鼓三寸不烂之舌。

5. 要按照设置悬念的结构方式行文。

第五单元参考答案

十三 青蒿素：人类征服疾病的一小步

一、基础知识应用

1. A（"lüè"应为"nüè"，"zhěn"应为"zhěng"）

2. B

3. C（分号应为冒号）

4. C（褒义词贬用了，意思也不正确。）

5. C（A、B、D都有歧义。）

6.（1）图书馆、资料室、网络等。（2）①④为一类，②⑤为一类，③⑥为一类。（3）①④为外来词，②⑤为术语，③⑥为网络词语。（概括其中一类即可）

二、阅读与表达能力训练

（一）

7. 君臣佐使：中医学名词，指方剂组成的基本原则。这里指中药方剂中各种药材搭配得当、剂量适中。治则：治病的原则、方法。

8. 作者总结全文，概述了近年来中医药学的新贡献，表达了对中医药学未来发展的希望。

9. 作者由此及彼、由点及面，再次强调中医药学对世界巨大贡献，与课文的开头相呼应，彰显并突出了全文主题。

10. 不能。"重要选择"不是唯一选择，"重要"强调了砒霜对于治疗白血病的显著疗效，删去后，既弱化了它的作用，也容易产生"唯一选择"的误解。

11. 一方面表现了一位科学家的谦虚、严谨，另一方面也对中医药学未来的发展寄予了更多的希望，语简情深，意味深长。

（二）

12. 略

13. 井然有序、窗明几净。

14. 能够把大家都公认的非常简单的事千百遍地做对；能够把容易的事情认真做好。它太枯燥、太认真、太辛苦，于是学的人很快就偃旗息鼓了。

15. 略

（三）

16. 示例：

求 职 信

敬爱的领导：

您好！

首先感谢您在百忙中给了我这份关注，同时也希望您为我打开一扇成功之门。出于对我个人能力的自信，以及对贵公司雄厚实力、巨大发展潜力的信心，我希望能成为贵公司的一员。

我是××××财贸学校财务会计专业的一名应届毕业生。在校三年间，我既注重文化基础课的学习，又重视自己专业技能的培养，更注重个人综合素质的提高。在老师的教诲和个人努力下，我系统地学习了基础会计、商业会计、企业会计、成本会计等专业理论课程，具备了扎实的专业基础知识。在校学习的最后一年，我完成了毕业实训，现在已能够熟练地操作会计电算化系统软件，熟悉地手工记账，同时也掌握了财务出纳的实务知识，以及统计知识。三年的勤奋学习，我掌握了扎实的专业理论知识和熟练的专业技能，并参加了考证鉴定，获得了会计中级证书、收银员证书等。我还自学了 C 语言、Photoshop 等，为我今后继续发展打下了良好的基础。在校期间，我曾任学生会的宣传部部长和班级的班长，这些工作锻炼了我的组织能力，也让我学会了在工作中如何与人沟通合作。

学习之余，我常常走出校门，尽量寻找每一个让自己得到锻炼的机会，让自己近距离地接触社会、感受人生，尽快地成熟。现在我渴望能到贵公司财务部门担任一定的工作，使所学理论知识与实践有机结合，让自己的人生有一个成功的飞跃。

到贵公司工作是我追求的目标。如果能成为贵公司的一员,我会尽我所能做好工作。祝愿贵公司事业蒸蒸日上!

此致

敬礼!

×××

2018 年 5 月 6 日

附:1. 个人简历 1 份(略)

2. 获奖证书复印件 5 份(略)

*十四　跨越百年的美丽

一、基础知识应用

1. D(A. 蚀 shí　驭 yù　　B. 渗 shèn　燎 liǎo　　C. 着 zhuó　拂 fú)

2. D(A. 超群绝伦　B. 悬梁刺股　C. 心无旁骛　耐得苦寒)

3. A

4. C

5. D(A. 用语重复。应为"超过预定计划的 45%"或"达预定计划的 45% 以上"。B. 句式杂糅,缺少主语。"经过"与"才使"保留一个。C. 主语与宾语搭配不当。现在句子的主干是"学生是一年",错误,可把"一年"去掉。)

6. A(爱因斯坦)

二、阅读与表达能力训练

(一)

7. 居里夫人宣布发现镭,使物理学进入了一个新时代,而她美丽而庄重的形象也从此定格在历史上,定格在每个人的心里。

8. 居里夫人不为美形美誉所累,立志为人类作贡献,获得了真正持久的美丽。

9. 形貌、勇力、心技、理智;用其智达于理。

10. 知道自己的目标,更知道自己的价值;排除干扰,始终如一。

11. C

(二)

12. 不愿意别人超过自己,或过分强调自己的成就来之不易(意思对即可)

13. 孟子　苦其心志　　空乏其身　　　行拂乱其所为

14. 不是。意在鼓励人们不要害怕困难，引导人们"朴实而饶有兴趣地生活"。（意思对即可）

15. 只要你对某一事业感兴趣，长久地坚持下去，就会成功。采用摆事实的方法。

16. 名师未必出高徒，高徒未必都出自名师。

（三）

17. 提示：

（1）对已经形成的局面要敢于面对，承认问题，不推卸责任；

（2）对由于银行安排不妥产生的问题要表示真诚的道歉；

（3）说明立即联系领导，很快就会做出合理的补救措施；

（4）态度诚恳、语气谦和、语速适中。

拓 展 延 伸

（一）

只要你虔诚、认真地去做，就有可能步入成功的殿堂。此题只要能扣住这点，结合关山的故事谈"蓄"和"跑"的关系，言之成理即可。

（二）

1. 前五个自然段从以下几个方面表明了生命需要注释：（1）通过注释，可以使人了解自己、了解他人和世界。（2）诗人用诗句注释情感。（3）我们用日记注释成长。（4）做错事时，通过对自己行为的注释，赢得谅解及内心安宁。

2. 有三个用意：（1）作者通过引用这些诗人的诗句，说明生命需要注释。（2）由此引出第④自然段，我们习惯于给生命做注释。（3）为后文生命不需要注释做铺垫（或：蓄势、反衬、先扬后抑）。

3. 作者列举这些人物和事迹是为了说明人的思想和行动在心有灵犀的时候自能心领神会，是不需要注释的；对心律不同者，即使你费尽口舌他仍会浑然不知。

4. 本题为开放题，考查阐释文章和评价文章的能力。

5. 略

第六单元参考答案

十六　再塑生命的人

一、基础知识应用

1. （1）形容生长旺盛的样子。苗壮：强壮、健壮。（2）形容思想和感情自然而然地产生。油然：自然而然地。（3）不能够用语言形容。名：说出。状：描绘出来。（4）落花繁多而凌乱。落英：落花。（5）深沉地思索。邈：远。（6）形容忽然醒悟。恍然：忽然、猛然。

2. （1）迥然不同、天壤之别、云泥之别、判若云泥、判若两人、迥乎不同
（2）色彩斑斓、五彩缤纷、姹紫嫣红

3. C

4. C（A "强词夺理" 应改为 "据理力争"。B. "万人空巷" 多用来形容庆祝、欢迎的盛况或轰动一时的情景。应改为 "万籁俱寂"。D. "不耻下问"，指向地位和学识不如自己的人请教。应改为 "勤学好问"。）

5. A

6. 略

二、阅读与表达能力训练

（一）

7. 因为不能看见具体的水，平时所接触到的是一些容器，故而将两者混为一谈。

8. 让受教育者亲临现场体验，在体验过程中理解概念。

9. 我实在有些不耐烦了……把它摔碎了。

10. 因自己做错事而后悔。

11. 这句话紧承上文中莎莉文老师教 "我" 水这个词，让 "我" 认识到了水和杯子并不是一回事；这件事唤醒了 "我" 对认识世界万物的愿望；这句话形象

地说出了自己的心情。

（二）

12. 因为"虽然我们结婚很早"，但分离之日多，相对愁叹之时多。"我"衰年多病，实在不愿回顾。过去一梦难求，而今每晚梦见她，"可能是地下相会之期，已经不远了"，所以又要写妻子了。

13. 即使是些"不太使人感伤的段片"，也已使作者无限感伤，反映作者对妻子深深的爱。

14. 写出作者对亡人的愧疚与自责，深深地表达了对亡人的极度思念。

15. 神态描写，写出了妻子易于满足的特点。

（三）

16. 示例：

应 聘 书

尊敬的市第一医院院领导：

您好！

近日在《××日报》上看到贵院的招聘启事，十分欣喜，我有意应聘护士一职。

我是×××护校××××届护理专业的毕业生。我有扎实的护理基础知识、熟练的操作技术及护理的工作能力。在校的理论学习和一年多的临床实践，已使我养成了严谨的学习态度和基本的职业素养，并使我认识到，医学是一门神圣的科学，它的价值在于挽救人的生命，对待患者必须有一颗友爱关怀的心。

在校期间，我不但学到了专业知识，更提高了综合素质。我曾担任班级的生活委员和宣传委员，能积极带领同学参加各种活动，能独立完成本职工作并协助其他班干部做好班级工作。在努力学习本专业知识的同时，我不断充实自己，自学了计算机的相关知识，能熟练使用计算机。作为21世纪的中职生，我没有只满足于校内理论知识的学习，而是经常走向社会，理论联系实际。我是××社区敬老院的志愿者，每星期都利用周末的时间为老人服务，从亲身实践中提高自己的综合能力。我热爱护理事业，我相信自己能够很快胜任护士这个岗位的工作。

最后诚挚地感谢您对我的关注，希望贵院能给我一个实现梦想、展示才华的机会。盼望能得到您的答复。

　　此致
敬礼！

应聘人：×××

××××年×月×日

＊十七　让她穿护士服走吧

一、基础知识应用

1. B（A．"赘"应读"zhuì"　C．"靡"应读"mǐ"，"壑"应读"hè" D．"喟"应读"kuì"）

2. B（"怠漫"应为"怠慢"，"名列前矛"应为"名列前茅"）

3. D（"硬要求"后的句号应在引号外）

4. A（从句子内容看，（1）是对（2）中患者情况的说明，（4）是承上启下的句子，道谢是（2）中患者出院后的行为，找不到护士长，也没人告诉他原因是（3）句"因为"对应的"果"。）

5. C（叶欣把护理工作做到了至高无上的境界，尤其是面对危险的关键时刻，她总是挺身而出，冲锋在前，一再坚持"这里危险，让我来吧"，把危险留给自己，把安全让给同事。）

6. 示例：（1）众志成城、同舟共济　（2）壹仟叁佰伍拾元

二、阅读与表达能力训练

7. 在材料的组织上，作者采用顺次排列、直接呈现的方式，很少运用过渡语句，形成一种如同电影镜头组合般的开放式结构。这些材料在内容上自然关联，指向上集中鲜明，有利于多侧面展现人物形象。

8. 这些议论精辟深刻，饱含深情，感染力强。如，"她的笑容充满阳光，更让我们看到了笑容对于悲观中、恐惧中的患者多么重要"，既表现了叶欣对工作的热爱、对患者的热情，也形象地说明患者从她那儿得到了温暖，找回了生活的信心和勇气。

9. 选取这些感人的细节材料，一方面，有利于细致地刻画人物形象，表现人物的敬业精神、坚强性格和对他人的关爱；另一方面，体现了报告文学真实性的

特点。

10.（1）表明叶欣对护士工作的热爱。（2）体现了叶欣家人对她深沉的爱以及对她工作的理解和支持。

11. 表达了作者对叶欣中年殉职的惋惜和胸怀大爱的赞叹。如："这年，她47岁。"这句话文字虽少，却意味深长。这位可敬的护士长才到中年就被病魔夺去了生命，牺牲在岗位上，令人心痛。简短的叙述中饱含着作者的惋惜之情。"世上有比生命更宝贵的东西吗？""如果有，就是尊重和爱惜每个人的生命。"这些话揭示出：人的生命是宝贵的，叶欣身上那种尊重和爱惜每个人生命的精神更为可贵。一问一答中体现了作者对人物的赞美之情。

拓 展 延 伸

（一）

结合"只要你点燃自己的心烛，全身心地热爱生活，你就会发现美好的感觉来自生活中的点点滴滴"来回答即可。

（二）

1. 点饭时犹豫；等饭时着急尴尬；最后失望，愤怒离去。

2. 外貌描写和细节描写暗示了老人的贫穷，为下文老人只要一碗米饭以及小个子姑娘的势利和冷漠埋下伏笔。

3. 想悄悄帮一下老人。因为我买了饭，服务员在上饭时，肯定会把老人的饭顺便带上来。

4.（1）"我"是全文的线索。（2）全文通过"我"的观察、心理活动等，交代故事情节的发展。（3）服务员对待"我"与"老头"的态度形成对比，突出其势利的性格特点。

5. 结构上：总结全文，点题，照应前文"很快，也就是那小半盘剩饺子快要吃完的工夫，只听姑娘一声喊：'您的米饭和饺子来了。'"这句话。内容上：告诉读者这个时间很短暂，但老人却没有等到他的米饭，显示了服务员的势利和人情的冷漠。

6. 略

综合自测题（A卷）参考答案

第 Ⅰ 卷

1. D（A. 圮 pǐ 蓦 mò　　B. 蹉 cuō　攒 zǎn　隽 juàn　　C. 翌 yì　溘 kè）

2. D（A. 历经沧桑　急于求成　B. 芸芸众生　鸠占鹊巢　C. 至高无上）

3. D（了：了结　倦：疲倦）

4. B（A. 怎么回事，亲爱的？　C. 可怜的、倦了的藤叶，　D. 琼珊说，）

5. C

6. C（A. "相濡以沫"用于夫妻之间。B. "众目睽睽"指多人。D. "鬼斧神工"形容自然界的力量。）

7. C

8. B

9. D

10. A（彭祥华）

11. D（A. 用语重复。"不期而遇"已包含遇见的意思，与"晤见"重复。可改为：我与鲁迅先生不期而遇。B. 主语缺失。去掉"使"。C. 关联词语位置不当。"由于"应放到"小红"的后面。）

12. A. 表达了作者对生命的反思与体认。

13. （1）自传性散文　史铁生　　（2）梁衡　居里夫人　　（3）毛泽东《七律·到韶山》

第 Ⅱ 卷

（一）

14. 第一个"老"指年岁大，第二个"老"指陈旧。

15. 这些世纪老人所独具的人格魅力也该作为一种传统被我们向后延续。

147

16. 世纪老人冰心在接近人生终点的时刻仍然关爱芸芸众生。

17. 心中对芸芸众生的关爱之情历经近 80 年的岁月而仍然未老。这又该是怎样的一种传统！

18. 冰心老人对芸芸众生执着的关爱成就了她人格的"最高学位"。

（二）

19. B

20. 古典、绝妙、价廉。

21. （1）夸张，对偶。突出剃头技艺的娴熟和精到。游刃有余，得心应手。
（2）类比。说明剃刀名为青龙偃月刀的由来。

22. "男人的脑壳不金贵了。""一套古典绝活儿玩下来，他只收三块钱。"

23. 略

（三）

24. 单纯的才智成就。 单纯的才智成就。 才智成就取决于品德的程度。

25. （1）由于社会的严酷和不平等，她的心情总是抑郁的；（2）对科学的献身精神。

26. 居里夫人科学功绩的取得，主要是靠着对工作的极端热忱和顽强的战胜困难的精神。

27. 阐明第一流人物的品德和热忱对于时代和历史进程的巨大意义，号召知识分子尤其是欧洲的知识分子学习居里夫人的高尚品德和极端热忱。

28. B

29. 评分标准：

（1）A（3分）　B（3分）　C（3分）

根据标准酌情评分：面试中能实事求是、突出重点、巧妙选取角度进行回答。

（2）能使用礼貌用语，措辞得体。（1分）

30. 评分标准：

（1）格式正确。标题、称呼、落款和附件均具有。（8分）

（2）信中能准确介绍个人的基本情况和用人单位招聘消息的来源。（2分）

（3）能客观说明自己胜任工作所具备的条件。（2分）

（4）能得体表达被录用的愿望。（2分）

（5）措辞得体，言简意赅，富于个性，针对性强。（6分）

综合自测题（B卷）参考答案

第 Ⅰ 卷

1. A（B. 藐 miǎo　　C. 晌 shǎng　曳 yè　湛 zhàn　　D. 怦 pēng　熨 yù）

2. C（A. 停滞　克勤克俭　　B. 有词　缭乱　　D. 碌碌　锦）

3. B（A. 甚：深。迫：紧迫　C. 漫：满。尤：埋怨　D. 惮：怕　衷：内心）

4. A（"绿色食品"是指无污染、无公害、安全、优质、营养型的食品。）

5. D（"海市蜃楼"比喻虚无缥缈的事物。应为"空中楼阁"。）

6. D（"人在江湖，身不由己"不加单引号）

7. D（A. 比喻，B. 拟人，C. 反问）

8. A

9. D

10. B　　（散文）

11. D

12. C

13. A

14. 略

第 Ⅱ 卷

（一）

15. 论述了影响职业选择的三方面因素：虚荣心和幻想会让人失去理智；超越体质限制和为恪尽职守而不顾体弱地努力工作，都不能把工作做好；能力不胜任，就会自卑。

16. "冒险把大厦建筑在残破的废墟上。"说明所选职业超越体质的极限。

"安静是唯一能生长出成熟果实的土壤。"说明自身职业追求与体质要和谐统一，有强健的体魄做基础，才能安心于自己的事业。

"自卑是一条毒蛇，它无尽无休地搅扰、啃啮我们的胸膛，吮吸我们心中滋润生命的血液，注入厌世和绝望的毒液。"说明由自卑而产生的痛苦情绪，会让我们感到绝望，从而说明选择能胜任的职业的重要性。

17. 比喻论证和正反对比论证。

18. D

（二）

19. 规则的胜利

20. （1）普遍公认的规则。（2）有序竞争。

21. （1）表面上是限制了各方，实质上对各方都有利；（2）不为任何特权服务。

22. C

23. D

（三）

24. 主要从人的感觉角度来写。分别写了听觉（"那轰鸣的水声也越来越大"）、（1分）触觉（"头发、脸和衣服都湿了"）、（1分）视觉（"抬头仰观大瀑布"）、（1分）心理感受（"自己只是漫天飘漾的水雾中的一颗微粒"）。（1分）

25. 通过联想比较，突出"诺日朗瀑布"雄浑激越、奔腾活泼的特点。（2分）

26. 用了比喻、拟人的修辞手法。（2分）把瀑布比喻成"群龙"，写出了瀑布的神奇气势，动态感强；用拟人，强烈地表达出作者由衷的赞美之情。（2分）

27. 动词"钉"强调了大龙湫瀑布与崖壁紧密结合，致使水流紧贴崖壁"挣扎"的特点，而与此相比，诺日朗是"自由"的，水从崖顶临空而下，其壮阔的气势自然不言而喻。（2分）

28. 评分标准：

（1）说明产生过失或者失误的原因。（3分）

（2）对于公司在工作中的失误而给他人造成的损失表示真诚的歉意。（3分）

（3）说明公司在事件中得到的教训以及今后对类似问题应采取的正确方法。（3分）

（4）用语得体、礼貌。（1分）

29．评分标准：

（1）活动主题明确、清楚。（1分）

（2）活动目的意义表述清楚。（1分）

（3）活动方式中能策划好各工作项目。（8分）

（4）人员的组织配备、相应责权及活动的时间地点表述明确。（2分）

（5）语言朴实，能突出重点。（2分）

（6）创意新颖。（6分）

郑重声明

高等教育出版社依法对本书享有专有出版权。任何未经许可的复制、销售行为均违反《中华人民共和国著作权法》,其行为人将承担相应的民事责任和行政责任;构成犯罪的,将被依法追究刑事责任。为了维护市场秩序,保护读者的合法权益,避免读者误用盗版书造成不良后果,我社将配合行政执法部门和司法机关对违法犯罪的单位和个人进行严厉打击。社会各界人士如发现上述侵权行为,希望及时举报,本社将奖励举报有功人员。

反盗版举报电话　　(010)58581999　58582371　58582488

反盗版举报传真　　(010)82086060

反盗版举报邮箱　　dd@hep.com.cn

通信地址　　北京市西城区德外大街4号
　　　　　　高等教育出版社法律事务与版权管理部

邮政编码　　100120

防伪查询说明

用户购书后刮开封底防伪涂层,利用手机微信等软件扫描二维码,会跳转至防伪查询网页,获得所购图书详细信息。也可将防伪二维码下的20位密码按从左到右、从上到下的顺序发送短信至106695881280,免费查询所购图书真伪。

反盗版短信举报

编辑短信"JB,图书名称,出版社,购买地点"发送至10669588128

防伪客服电话

(010)58582300

学习卡账号使用说明

一、注册/登录

访问 http://abook.hep.com.cn/sve,点击"注册",在注册页面输入用户名、密码及常用的邮箱进行注册。已注册的用户直接输入用户名和密码登录即可进入"我的课程"页面。

二、课程绑定

点击"我的课程"页面右上方"绑定课程",正确输入教材封底防伪标签上的20位密码,点击"确定"完成课程绑定。

三、访问课程

在"正在学习"列表中选择已绑定的课程,点击"进入课程"即可浏览或下载与本书配套的课程资源。刚绑定的课程请在"申请学习"列表中选择相应课程并点击"进入课程"。

如有账号问题,请发邮件至:4a_admin_zz@pub.hep.cn。